大家小小书
篆刻　程方平

中国历史小丛书

主　　　编	吴　晗			
编　　　委	丁名楠	尹　达	白寿彝	巩绍英
	刘桂五	任继愈	关　锋	吴廷璆
	吴晓铃	余冠英	何兹全	何家槐
	何干之	汪　篯	周一良	邱汉生
	金灿然	邵循正	季镇淮	陈乐素
	陈哲文	张恒寿	侯仁之	郑天挺
	胡朝芝	姚家积	马少波	翁独健
	柴德赓	梁以俅	傅乐焕	滕净东
	潘絜兹	戴　逸		

新编历史小丛书

主　　　编	戴　逸			
副　主　编	唐晓峰	王子今	黄爱平	
总　策　划	高立志	吕克农		
编　　　委	李洪波	李鹏飞	沈睿文	陈建洪
	杨宝玉	徐　刚	聂保平	郭京宁
统　　　筹	王铁英			

明抄圖

周培春 著

北京出版社
天津出版社

中共中央出品發行

目　录

意气慷慨的少年时代……………………… 001
对家乡的热爱……………………………… 011
开始做官时的矛盾心情…………………… 017
去江陵做官时的形势……………………… 022
做镇军参军和建威参军…………………… 031
做彭泽令到归耕…………………………… 039
归耕后的生活……………………………… 048
　一、在上京的生活……………………… 048
　二、在南村时的交游…………………… 054
　三、艰苦的劳动和贫困的生活………… 065
渊明对刘裕北伐所抱的态度……………… 070
渊明对晋宋易代的感慨…………………… 081
晚年在寂寞中死去………………………… 096

意气慷慨的少年时代

陶渊明是中国文学史上的伟大诗人之一。他生在东晋后期（哀帝兴宁三年，公元365年），死在刘宋初期（文帝元嘉四年，公元427年）①，年63岁。他是那个时期最伟大的诗人。在东晋时他名渊明，字元亮；到东晋亡后的刘宋时期，改名潜②。东晋末年朝廷上曾请他做著作郎的官，他没有就，因此人们又称他为陶徵士、陶徵君。他死后，他的朋友私谥他为靖节先生。

东晋时代，中原沦陷在异族手里。司马氏依靠大族的拥戴，在江南建立了政权。生长在这个时代里的陶渊明，在年轻时候，意气慷慨想做一番事业。他说：

少时壮且厉，抚剑独行游。
谁言行游近，张掖至幽州。
饥食首阳薇，渴饮易水流。

不见相知人，惟见古时丘，

路边两高坟，伯牙与庄周。

此士难再得，吾行欲何求？（《拟古》）

这首诗说，年轻时候慷慨奋发，拿着剑独自出外行游。西边一直跑到甘肃的张掖，北面一直跑到河北的幽州。吃的是像伯夷叔齐在首阳山上采的薇草，喝的是像荆轲在那儿慷慨高歌的易水里的流水。可是没有找到知己。像钟子期是伯牙的知己，惠施是庄周的知己，这些人既难以再得，我这次出外还要找什么呢！

渊明年轻时候，中原早已沦陷，他当然不可能到张掖到幽州去。这首诗的题目叫《拟古》，是表示对于古代游侠的向往。从这里也显出了渊明少年时代慷慨有为的精神。他所向往的，是仗剑远游，游的地方是国土未沦陷前的西面和北面的边疆，这里含有到边疆去为国家效力的意味。不光这样，渊明还抱着极高尚的操守和激昂的义愤，想找寻有侠义精神的人。

渊明在另一首诗里说：

忆我少壮时，无乐自欣豫，

> 猛志逸四海，骞翮思远翥。（《杂诗》）

渊明回忆自己的少年时代，即使没有什么快乐的事也高兴，因为抱着一个远大的志向，发奋地想张开翅膀向天外飞去。"骞翮"就是高举翅膀，"远翥"就是向远处飞腾。渊明在少年时代就是具有这样的豪情壮志、发奋为雄的精神的。

这种感情是怎样产生的呢？他说："少年罕人事，游好在六经。"（《饮酒》）原来他少年时候受的是儒家经典的教育，这跟当时崇尚的老子、庄子的思想是不同的。儒家主张救世，是积极的；老子、庄子主张"无为"，即不要有所作为，是消极的。少年的渊明爱好儒家的经典，又处在中原沦陷的时代，抱着救世的精神想有所作为，这是可以理解的。

渊明又追想祖上的功业，说：

> 在我中晋，业融长沙。
> 桓桓长沙，伊勋伊德。
> 天子畴我，专征南国[③]。（《命子》）

在东晋时代，长沙公陶侃的功业是照耀一

时的。

"桓桓"，勇武的样子。勇武的长沙公陶侃的功德，天子访察到了，叫他率领部队镇守在武昌一带。"畴"作"畴咨"讲，即访察。"南国"指武昌一带。

东晋讲究门第，高门大族在政治上掌握特权。可是他们往往看不起处理具体政务的人，以不做事为高贵④。门第低微的人就凭着他们的才能参加了实际工作，逐渐成为有权力的人，像陶侃就是⑤。他从低微的官职向上升，掌握了兵权，替东晋削平内乱，建立了不小的功勋，成为坐镇南国的长沙公。因此，渊明虽然不是出身高门大族，虽然生在一个讲究门第的时代里，可是看他对祖上陶侃的歌颂，也许陶侃的功勋鼓舞着他，使他具有建功立业的雄心。

渊明说："弱冠逢世阻。"（《怨诗楚调示庞主簿邓治中》）"弱冠"是20岁。这是说，渊明在20岁上碰到了时世的艰危。渊明20岁是孝武太元九年（公元384年），那年氐族的前秦苻坚大举南侵，东晋的军队在淝水那儿以少击众打垮了苻坚的侵略军，这就是历史上著名的淝水之战。这一仗，有力地证明东晋军队的战斗力是很强的。

这样的大胜利，应该激起少年渊明发奋有为的雄心，所以他才有"猛志逸四海，骞翮思远翥"的豪情壮志吧？

渊明在《拟古》诗里讲"少时"有豪情壮志，要"抚剑独行游"，从"张掖至幽州"。这样说，表示了他为国建功立业的雄心。当时，中原已经沦陷，比中原更远的张掖与幽州，自然更难去了，他要到张掖与幽州去干什么呢？这表示他不仅要收复中原的沦陷区，在收复沦陷区以外，还要把更远的张掖与幽州，都收归晋有，正说明他少年时的豪情壮志。但在当时，要收复中原沦陷区，也不可能，要到张掖与幽州去更不可能。那他怎么有这种想法呢？这只是他要为国建功立业的雄心壮志。这种雄心壮志从哪里来的呢？可能是从他的祖上陶侃那里来的。陶侃并不是高门望族，只是地位不高的人，可是他有建功立业的雄心，终于有了成就，成为东晋有权力的大臣。在陶侃建功立业的鼓舞下，所以少年的渊明，想建立比陶侃更大的功业，要收复中原的沦陷区，还不够，还要到张掖与幽州去，发扬国威。但他这个愿望为什么终于消失呢？因为在这首《拟古》诗里，他又说："饥食首阳薇，渴饮易水流。不见相知人，惟见古时丘。路边两高坟，伯牙与庄周。此士难再得，吾行欲何求？"因为他要到"张掖至幽州"去，光靠一个人是不行的。但他又要讲节义，要同像伯夷、叔齐那样的人去，要在首阳山上采薇，要找像伯牙与庄周一流人去，那也不可能的。他开始要建功立业，后来怎么要找像伯夷、叔齐的人呢？他一开始想建功立业，可能受了陶侃的影响；后来要找像伯夷、叔齐那样的人，可能是受到他父亲和孟嘉的影响，所以志趣也变了。

渊明在《命子》诗里又讲到他的祖父和父亲说："肃矣我祖，慎终如始。直方二台，惠和千里。於皇仁考，淡焉虚止。寄迹风云，冥兹愠喜。"这是说，庄重的祖父，做事从开头到末了一贯地谨慎。他的德义不论在朝廷上或地方上都很有名，他的恩惠及到千里以内。"直方"是用《易经》里的话："君子敬以直内，义以方外。""直方"都是指正直说，犹言德义。"二台"指内台和外台，内台指朝廷，外台指刺史治所。据《晋书·陶潜传》，渊明的祖父叫陶茂，做武昌太守。古称太守管理的区域有千里大小，所以说"惠和千里"。接下去是赞美他的父亲，说父亲生活很淡泊，做过官，但把做不做官看得很平常，没有高兴或懊丧的神色。"寄迹风云"，把踪迹寄托在风云变幻的场所，即指官场说的。

渊明在《命子》诗里赞美了曾祖陶侃、祖父陶茂和他的父亲，而这三个人的性格是不同的。陶侃很有才能，会做官，出身的门第虽低，却能够成为统治阶级，建功立业，成为地方上握有重兵的大员。陶茂功业不显著，承袭陶侃的余荫做官，性情比较宽厚，所以称作"惠和千里"，对功名显得并不热衷。到渊明的父亲就变得很淡泊，把做不做官看得很平常。这也由于他们不是高门大族，在讲究门第的社会里，他们这一家的政治地位在一代一代地向下降，这就造成了渊明父亲的那种性格。渊明的少年时代，一方面意气慷慨有建功立业的雄心，这也许是受陶侃的影响；一方面又说"饥食首阳薇"，讲究节义，讲究清高，那就跟陶侃的热衷做官[6]很不同，很像受他祖父和父亲的影响了。

渊明的母亲是当时名士孟嘉的第四个女儿。孟嘉娶陶侃第十个女儿。渊明称赞孟嘉道：

始自总发，至于知命，行不苟合，言无夸矜；未尝有喜愠之容。好酣饮，逾多不乱；至于任怀得意，融然远寄，傍若无人。（《晋故征西大将军长史孟府君传》）

从把头发束起来的儿童时代到50岁（"知命"指50岁），行为都守正道，不肯苟且求容合。讲起话来不夸夸其谈，不骄傲，喜怒不在脸上表现出来。好喝酒，喝得高兴了，忘掉一切得失，把心胸寄托在高远的理想上。这些赞美的话，很像后来渊明的自赞。孟嘉的性格跟渊明的父亲是相近的。在这种影响下面，要求"行不苟合"，在当时的仕途是很难求得发展的。

注释：

①渊明死在宋元嘉四年（公元427年），见他朋友颜延之的《陶徵士诔》，没有问题。《宋书·隐逸传》说他活了63岁，萧统《陶渊明传》《晋书·隐逸传》都这样说，作60岁，那他当生于东晋兴宁三年（公元365年）。不过有人不同意这两个说法，梁启超在《陶渊明》里写渊明56岁，举出了8个证据。古直《陶靖节年谱》定为

52岁,也提出了许多证据。但他们的证据多有不合理处,我认为63岁的说法比较妥当,还是旧说合理,因此还是采用旧说。

②据吴仁杰《陶靖节先生年谱》,渊明写的文章中,像《孟府君传》《祭程氏妹文》都自称渊明,可见渊明是名。到了刘宋,他对檀道济说话自称"潜",可见入宋后改名潜。

③渊明《命子》在讲长沙公陶侃后,接下去讲祖父和父亲,可见渊明是以陶侃为曾祖的。他的《赠长沙公》诗里说:"余于长沙公为族祖(用《文馆词林》引文),同出大司马。"姓陶的历史上只有陶侃做大司马,更明显地自认为陶侃的后系,与《宋书》称"曾祖侃"的说法相合。请渊明赠诗的长沙公是谁,考《晋书·陶侃传》及《宋书·高帝记》,陶侃的玄孙延寿,袭封长沙公,不过渊明是延寿的族父,不是族祖。吴仁杰《陶靖节先生年谱》认为此长沙公为延寿之子,此诗作于宋时,称长沙公,是用晋时的封爵。这样说可以讲得通。以上用逯钦立《陶渊明年谱稿》说。

④像王徽之在桓冲手下做骑兵参军。桓冲对他说:"您在官府好久了,近来也该处理些事

务了。"他并不搭理,眼睛望着天,拿手板拄在面颊上说:"西山朝来很有爽气吧。"(见《晋书·王徽之传》)便是一例。

⑤陶侃在京里,一次去看同乡杨晫,杨请他同坐在一辆马车里。吏部郎温雅看见了,对杨说:"怎么跟小人合坐一辆车子?"陶侃就这样被人瞧不起(见《晋书·陶侃传》)。

⑥陶侃小时家世寒微,后来在鄱阳县做小官。一次,有个有名望的人物范逵来看他。他没钱招待,他母亲把头发剪下来做成两个髲子,卖了去买酒肉;没有柴,把柱子劈下一部分来当柴;没有草料喂马,把铺床的草荐铡断了喂马。范逵去时,陶侃送他,一直送了100多里。范逵问道:"您要到郡里去做官吗?"陶侃说:"要的,苦于没有路。"范逵就把他介绍给庐江太守张夔。张夔召他到太守府里做官。他就是这样热衷做官的(见《晋书·陶侃传》)。

对家乡的热爱

陶渊明在少年时代,意气慷慨,想有所作为,这是一方面;另一方面是爱读书,爱自然景物,表现出他对家乡的热爱。他说:

> 少学琴书,偶爱闲静,开卷有得,便欣然忘食。见树木交荫,时鸟变声,亦复欢然有喜。(《与子俨等疏》)

渊明爱好音乐①,更爱好读书。"好读书,不求甚解。每有会意,便欣然忘食。"(《五柳先生传》)他的读书,不注意烦琐的考据,注意心得,注意自己的领会。这跟当时学术界的风气也有关系。晋朝的学风,本来是注意心得,反对东汉以来烦琐的考据的。

渊明又很爱自然景物,看到树木长得茂密,听到好鸟的歌声,很是高兴。他又说:"少无适俗韵,性本爱丘山。"(《归园田居》)年轻时没有迎合世俗的性情,即喜爱山川风物。这里的世俗,指的是官场中钻营奔走那一套,渊明少年时候对那一套就看不惯,他的性情是爱好山水。

渊明少年时家住柴桑,在今江西九江西南。那里离庐山不远,附近的栗里,也是他常游的地方。唐朝大诗人白居易曾经到那里访寻渊明的旧宅,说:"今游庐山,经柴桑,过栗里,思其人,访其宅。"(《访陶公旧宅诗序》)又赞叹那一带的风景说:

> 常爱陶彭泽,文思何高玄。
> ……
> 今朝登此楼,有以知其然。
> 大江寒见底,匡山青倚天。
> 深夜滋浦月,平旦炉峰烟。
> 清辉与灵气,日夕供文篇。(《题浔阳楼》)

白居易在浔阳楼上看到那儿风景优美,长江的水那样澄清,高耸的庐山那样苍翠,庐山香炉峰上的云像烟雾那样更使山川生色。白居易认为渊明生长在那样优美的环境里,所以他的文思那么高超玄妙。

浔阳(今九江)离柴桑不远,那儿有上京山。上京山靠近鄱阳湖,山峰苍秀,湖光山色互相映照,也是名胜地方。

渊明就是在这样的环境里长大的。他少年时家境虽然已经衰落,究竟是做官人家,家里还有"方宅十余亩,草屋八九间,榆柳荫后檐,桃李罗堂前"(《旧园田居》)。所以他小时候可以读书,可以有空暇去领略那里的山川风物。

渊明后来离开家乡出外去做官,看到当时官场的恶浊,就想到故乡山水的优美,对故乡发生深切怀念。他在36岁作的诗里说:"静念园林好,人间良可辞。"(《庚子岁五月中从都还阻风于规林》)想到故乡园林的美好,实在应该离开官场。下一年作的诗里说:"诗书敦夙好,园林无世情,如何舍此去,遥遥至西荆!"(《辛丑岁七月赴假还江陵夜行涂口》)诗书和园林是一向爱好的,为什么离开了跑到老远的西荆去呢?渊明又赞美故乡的山说:"陵岑耸逸峰,遥瞻皆奇绝。"(《和郭主簿》)直到他57岁,在《游斜川》诗和序里,还热烈赞美故乡一带的景物。他说：

> 辛酉（宋永初二年，公元421年）正月五日，天气澄和，风物闲美。与二三邻曲，同游斜川。临长流，望曾城；鲂鲤跃鳞于将夕，水鸥乘和以翻飞。彼南阜者，名实旧矣，不复乃为嗟叹；若夫曾城，傍无依接，独秀中皋；遥想灵山，有爱嘉名。欣对不足，率尔赋诗。

渊明和三两个邻居去游斜川，在那儿看到曾城山。他认为那个南阜，即庐山，是久已著名，不用说了，可是那个曾城山，孤峰独秀，耸立在湖里，"中皋"犹湖中，更引起他的爱好。他又想到神话里说昆仑山上有曾城是神仙的住处，觉得曾城这名称更可以引起人们的想象，对着曾城山还看不够哩。再看水里，鲂鲤跳跃，水鸥翻飞，可以领会鱼鸟怡然自得的生趣。

渊明赞美的斜川，后人认为就在栗里南面。那里有一道小河，名吴陂港，通过落星湖流入长江。渊明从彭泽辞官归来，"舟摇摇以轻扬，风飘飘而吹衣"，坐着船回家，远远望见自己的家门,可能就走这条水路。在那里,庐山云烟的变幻,鄱阳湖波光的壮阔,都呈现在眼前了。

渊明在少年时期热爱故乡的山水风物,跟他的"猛志逸四海",是统一的。由爱故乡推到爱国,由爱国因而想到为国家建功立业,这是很自然的,他说:

> 贤圣留余迹,事事在中都。
> 岂忘游心目,关河不可逾。(《赠羊长史》)

"中都"指洛阳,在渊明的少年时代是沦陷在异族手里。可见他们祖先辛苦经营遗迹都留在那儿,他心里眼里哪能忘掉呢?只是关山阻隔不能逾越啊!他的心眼原来并不局限在故乡,他也想到中都去,也想到更远的地方去,"谁言行游近,张掖至幽州",想到祖国的边疆去。可是"关河不可逾",究竟阻碍渊明"猛志逸四海"的是什么呢?

注释:

①《晋书·隐逸传》里说渊明不懂音乐,有

一张琴,弦都没有,说:"但识琴中趣,何劳弦上声?"李长之先生据"少学琴书",认为渊明学过琴,《晋书》的说法不可信。这个意见当是对的。

开始做官时的矛盾心情

渊明在少年时代，意气慷慨，想有所作为，但光有一腔热情还是不行的。当时真要替国家建功立业，需要有所凭借，在朝廷上掌握实权，或在地方上掌握实权。在一个讲究门第的时代里，出身高门大族的，不论朝廷或地方上都会请他出去做官，从而逐渐掌握实权，有所作为。① 可是渊明的出身和高门大族有距离，他不可能走这样的路。当时门第不高的，要掌握实权做一番事业，只能先做小官，竭力巴结上司，取得信任，才能逐渐掌握到实权，像渊明的祖上陶侃就是走这样的路②。再像刘裕，出身低微，但他会带兵打仗，在镇压农民起义中立了功，培养了自己的武力，逐渐取得了大权。

渊明，不论就他的性格看，还是就他的教养看，既不肯走巴结上司的路，又不会走带兵立功的路，他的壮志就只能成为空想了。他说："总发抱孤介","贞刚自有质,玉石乃非坚。"(《戊申岁六月中遇火》)又说:"性刚才拙,与物多忤。"(《与子俨等疏》)他自己说,年轻时性情就孤独耿介,又说性情刚强,那自然跟当时看重门第、钻营奔走的官场合不来。他受的教育是"弱龄寄事外,委怀在琴书"(《始作镇军参军经曲阿作》),是"少年罕人事,游好在六经"(《饮酒》),年轻时专读儒家的书。小时候在风景优美的乡村中长大起来,没有什么世俗的事来烦扰他,没有受到处理世俗事务的锻炼,因此说自己"才拙"。

在渊明20岁那年,江西一带发生水灾,碰上荒年,他家的生活也非常困难,因此说"弱年逢家乏"(《有会而作》)。到了29岁,他离开了田园生活,到江州去做祭酒的小官。江州的治所在九江,离他的住处柴桑不远。江州刺史兼掌军政大权,当时有军谘祭酒的官名,渊明做的可能就是那个官职。后来渊明有一首诗追述当时的心情:

畴昔苦长饥,投耒去学仕。
将养不得节,冻馁固缠己。

是时向立年,志意多所耻。(《饮酒》)

古时称"三十而立","向立年",将近30岁,所以知道他29岁去做官。那时他父亲早死了,他已经结了婚,有了孩子,③家累重了。他去做官只是为了救穷,并不是为了实现自己的理想,这样违反自己的心愿去做官,是为了生活(将养),不能保持自己的节操(不得节),因而感到可耻。那首诗接下去说:"遂尽介然分,拂衣归田里。"他为了保持耿介的操守,遂即辞官回去了。他30岁那年死了妻子,可能他是在妻子死时辞官的。④

他的《命子》诗,可能就是他在出去做官的29岁那年写的。⑤那首诗里赞美陶侃说:"功遂辞归,临宠不忒。孰谓斯心,而近可得!"陶侃在东晋建立了大功,坐镇武昌,手握重兵,但还效忠朝廷。逝世前一年,上表求辞去职位,他手下的官员苦苦劝阻他,他没有听从。渊明慨叹道:"谁说这样的心近来还可以得到呢!"从这个感叹里,表示他不赞成地方上的武人用兵力来干涉朝政,至于用兵力来篡夺政权当然更是他所反对的了。他后来到江陵去做官,不久就辞官回去，跟这种主张有关。

注释：

①当时高门大族谢安就是这样。朝廷和地方都请他去做官，后来他在朝廷执掌政权，任用谢玄，在京口（今江苏镇江）一带招募军队，号北府兵，成为当时的精兵。淝水之战就靠北府兵打败了苻秦的侵略。谢安成为东晋最有名的宰相。

②陶侃在庐江太守张夔手下做主簿，管文书。太守妻病了，要到几百里外的地方去请医生，碰上大雪天，仆人都感到为难。这本不关主簿的事，陶侃却说："太守好比父亲，太守的夫人好比母亲，哪有父母生病可以不尽心的呢？"就请求让他去。后来太守就推荐他到朝廷上去做官。见《晋书·陶侃传》。

③渊明在《怨诗楚调示庞主簿邓治中》诗说"始室丧其偏"，死掉配偶叫"偏丧"，古人称"三十而有室"，故知道他30岁那年死了妻子。他在《与子俨等疏》中说："汝等虽不同生。"可见长子俨是前妻所生，一定在30岁以前生。以上据王瑶先生《陶渊明集·命子》诗注。又按当时父母死了要守25个月的丧期，证明在29岁出去

做官,那他父亲一定死在他27岁以前。

④他后来做彭泽令,想辞官回去,碰上他妹妹死了,他就说要去奔丧,辞了官。可见他要找个借口辞官,免得罪上司。

⑤据王瑶先生《陶渊明集·命子》诗注。又按《命子》诗里说他头发已花白,盼儿子生下来的心很急,可见他得子不会很早。

去江陵做官时的形势

渊明从30岁辞官回家，到36岁又到江陵去做官，在这六年内，江州刺史曾经召他去做主簿，他没有去。这期间，他继娶翟氏，生了三个儿子：第二个儿子陶俟，比前妻生的长子陶俨小两岁；第三第四个陶份、陶佚同年，该是双生子，比陶俟小一岁。假如陶俨是他29岁生的，那么他32岁已经有了四个儿子。他的第五个儿子陶佟比陶佚小五岁，该是他37岁生的。①

渊明36岁时，已有四个儿子，可能为了家累，所以到江陵去做官。这年是安帝隆安四年庚子（公元400年），渊明有一首诗叫《庚子岁五月中从都还阻风于规林》，就是那年五月里，从京城回家去，在规林地方遇风，船不能前进而写的。那首诗说：

行行循归路，计日望旧居。

一欣侍温颜，再喜见友于。
鼓棹路崎曲，指景限西隅，
江山岂不险，归子念前途，
凯风负我心，戢枻守穷湖，
高莽眇无界，夏木独森疏。
谁言客舟远，近瞻百里余；
延目识南岭，空叹将焉如！

渊明沿着回家的路走去，计算着哪一天可以望见自己的家。想到可以高兴地奉侍母亲，看见兄弟（"侍温颜"指奉侍母亲，"友于"指兄弟），摇着船沿着曲曲折折的水路前进，指着日影（"景"同影）看到太阳要落山了。碰着风，收起桨（戢枻）守在鄱阳湖（穷湖）里，想到不能在家安慰母亲，辜负平生的心愿。（《诗经·凯风》里说："有子七人，莫慰母心。"）近岸是一望无际的水草（高莽），岸上是茂密的树木。认识远处的庐山，觉得离家不远了，可是碰着风，船不能前进，徒然叹息，又将怎样呢？

这年，桓玄在做荆州和江州两州的刺史，驻扎在江陵。渊明的家乡在江州的柴桑，属桓玄管辖；桓玄是桓温的儿子，渊明的外祖父孟嘉曾在桓温手下做官。可能由于这些关系，渊明在桓玄手下做起官来了。

另一方面，当时朝廷上的政权长期掌握在司马道子和他儿子元显手里。他们过着荒淫奢侈的生活，卖官鬻爵，公开纳贿，刑罚跟赏赐颠倒错乱。当时直接归朝廷管辖的只有浙江和江苏一部分地方，别的地方都由各地方政府管辖。道子和元显对于直接归朝廷管辖的百姓，做了极残酷的剥削，手下官吏甚至公开向百姓掠夺。尚书令陆纳望着宫门叹道："好家居，小儿要撞坏它吗？"范宁是正直的臣子，就被赶走。他上疏说：现在边境上没有战事，可是仓库已经空了。古时候叫人民服劳役，一年不过三天，现在苦扰百姓，一年里几乎没有三天休息。有的百姓甚至生了儿子无力抚养，没有成家的不敢结婚。把一个火种放在柴堆上还不能够比喻它的危机。②道子和元显的贵族政权在人民中间已经危机四伏，火种放到柴堆上，终于燃烧起农民起义的火焰来了。

渊明36岁到江陵去做官那年，在浙江爆发了孙恩领导的大规模农民起义。元显依靠刘牢之的北府兵，就是在淝水之战时打败苻坚大军的部队,在第二年把农民起义镇压下去了。当时朝廷的政治这样腐败,那么地方政权又怎样呢?就以渊明在做官的江陵说,那时桓玄正在培植实力,准备篡夺东晋政权。在孙恩起义时,桓玄屡次上表朝廷,请求讨伐孙恩。元显始终不许他来。因为桓玄想起兵东下的目的在于夺取政权,元显怕政权被夺,所以不许他来。渊明看到这种情况,自然官做不下去了。

渊明37岁那年,即安帝隆安五年辛丑(公元401年),他写了首叫《辛丑岁七月赴假[3]还江陵夜行涂口》的诗。可见这年七月前,他请假在家,到七月里,到江陵去销假。这首诗说:

闲居三十载,遂与尘事冥。
诗出敦凤好,园林无世情。
如何舍此去,遥遥至西荆!
叩枻新秋月,临流别友生。
凉风起将夕,夜景湛虚明。
昭昭天宇阔,晶晶(皎皎)川上平;
怀役不遑寐,中宵尚孤征。
商歌非吾事,依依在耦耕。
投冠旋旧墟,不为好爵萦;

养真衡门下,庶以善自名。

渊明这年37岁,他29岁出任江州祭酒,36岁又在江陵做官,此外30多年都在农村中过活,所以说"闲居三十载"。这样,他跟混乱的时局显得隔膜,不清楚,只是在家过着爱好诗书和园林的生活。这时遥远地到荆州去做官,一接触到官场,看到桓玄想乘机夺取政权,看到朝政的败坏、官场的污浊,就又懊悔离开自己的诗书和园林了。他别了朋友,坐船到江陵去,半夜里船到了涂口(今湖北安陆市),他睡不着觉,想想桓玄有夺取政权的野心,自己不愿帮他这样做,因此慨叹道"商歌非吾事"。原来春秋时代的宁戚想帮助齐桓公称霸,等桓公出来,唱着商调的歌引起他的注意,从而获得桓公的信任。渊明不愿做宁戚,不愿帮桓玄去篡夺政权,所以说这不是我做的事情,那就只有回去种田,不愿让官位束缚自己,要求保持自己真朴的本性,宁愿过着清苦的生活。"好爵"指官位。"养真"指保养本性。"衡门"是横木为门,指居处简陋,比喻生活清苦。

这首诗说明渊明不愿帮桓玄去篡夺政权,准

备辞官。这年冬天,他母亲死了④,所谓"昔在江陵,重罹天罚"(《祭程氏妹文》)⑤。按照当时的规定,做官的人死了父母,要回家守25个月的丧期,渊明就在这时去职回家了。

渊明回家守孝的两年多时间内,政局发生了很大的变化。元显命令刘牢之带了镇压农民起义的北府兵去打桓玄,刘牢之怕打平了桓玄,元显容不得他,就想等桓玄消灭了元显,然后起来消灭桓玄,夺取政权,于是暗中跟桓玄勾结。桓玄大军东下,杀了元显,掌握了政权,就夺去了刘牢之的兵权。刘牢之想起兵反抗,他手下将领嫌他反复无常,不愿跟他起事,他被迫自杀。这时候,江浙一带经过镇压农民起义的残酷破坏,发生大饥荒,人民大批死亡,户口减少一半。桓玄并不注意救济灾荒,不关心人民疾苦,还是过着奢侈放荡的生活。加上政令时常改变,排斥异己,杀害北府兵将领,忙着篡位做皇帝,这样他的政权就无法巩固。这也说明当时的贵族已经腐化堕落到不可救药的程度,道子、元显这样,桓玄也这样。

安帝元兴元年(公元402年)冬天,渊明38岁,桓玄废安帝为平固王,自己做皇帝,国号楚。下一年癸卯（公元403年），渊明作了《癸卯岁始春怀古田舍二首》，开头说："在昔闻南亩，当年竟未践。"从前听说贤人亲自下田，可是当年竟没有实践，可见渊明在这年以前还没有下过田。这年他才亲自下田。他又说："即理愧通识，所保讵乃浅。"他不能效法当时士大夫的通达，不愿随波逐流贪恋官位，这样，所保全的岂是少吗？渊明这时已经看到桓玄在政治上的危机，认为离开他正可以保全自己。

渊明的《停云》诗，大概是这时作的。其中第二、第三两首说：

> 停云霭霭，时雨蒙蒙。
> 八表同昏，平陆成江。
> 有酒有酒，闲饮东窗。
> 愿言怀人，舟车靡从。
>
> 东园之树，枝条载荣。
> 竞用新好，以招余情。
> 人亦有言，日月于征。
> 安得促席，说彼平生。

这两首诗可能是这年春天作的。这时桓玄新做皇帝,渊明感到朝政腐败,武人篡位,贵族政权已经堕落腐化到不可救药。所以说到处(八表)都是昏天黑地,眼看有陆沉(平陆成江)的灾祸。渊明的朋友在桓玄手下做官的,这时攀龙附凤,像东园里的树,枝条开始茂密起来,多用他们在新朝做官的好光景来招他,说时光过得很快,为什么不去做官呢?可是我怎能跟这些朋友坐在一块诉说平生的志愿呢?这里,渊明明确地表达了对桓玄政权的态度。

注释:

①渊明五个孩子小名叫舒(俨)、宣(俟)、雍(份)、端(佚)、通(佟)。这五个儿子年龄相差见于《责子》诗:"阿舒已二八(16岁),懒惰故无匹。阿宣行志学(志学15岁,行将志学是14岁),而不爱文术。雍、端年十三,不识六与七。通子垂九龄,但觅梨与栗。"

②《资治通鉴》卷一〇七《晋纪》二十九。

③"赴假"就是销假,见《文学研究》第三期段熙仲同志《陶渊明事迹新探》,举《宋书·张敷传》为证:"江夏王义恭镇江陵,以

（敷）为抚军功曹，转记室参军。时义恭就太祖求一学义沙门；比沙门求见发遣，会敷赴假还江陵；太祖谓沙门曰：'张敷应西，当令相载。'"张敷在京要回江陵去销假，因此托他带那个和尚一块去，证明"赴假"是"销假"。

④渊明有两个母亲，这年死的是他的庶母。他后来在《祭从弟敬远文》里说的母亲死去，是指他的嫡母。

⑤他的父亲早已死去，这时又死了母亲，所以说"重罹天罚"。

做镇军参军和建威参军

安帝元兴二年癸卯（公元403年），北府兵将领刘裕在京口（今江苏镇江）起兵，打败桓玄，桓玄逃回江陵，又被追兵打败，终于被杀。东晋政权落到刘裕手里。刘裕是平民出身，没有沾染上腐化奢侈习气，以身作则，严格执行政务，改变了政治败坏的风气。

这年五月里，渊明写了《和胡西曹示顾贼曹》（西曹、贼曹都是郡县属官，贼曹是主办盗贼的），里面说："流目视西园，晔晔荣紫葵；于今甚可爱，奈何当复衰！感物愿及时，每恨靡所挥。"他看到西园里的紫葵花开得很茂盛，当时看起来很可爱，怎奈过时就要衰谢。因此感到想及时做一番事业，只恨无从发挥自己的力量。渊明这时还是想出来做事的。这年冬天，他作了《癸卯岁十二月中作与从弟敬远》，里面说："平津苟不由，栖迟讵为拙！"汉朝公孙弘封平津侯,他开东阁门来接引贤人。渊明认为投托权门的路实在不想走,那么隐居又怎么算拙劣呢?这又说明他不愿投靠权贵。下一年元兴三年甲辰(公元404年),他40岁,作的《荣木》诗第一、第四首说:

> 采采荣木,结根于兹,
> 晨耀其华,夕已丧之。
> 人生若寄,憔悴有时;
> 静言孔念,中心怅而。

> 先师遗训,余岂云坠!
> 四十无闻,斯不足畏。
> 脂我名车,策我名骥,
> 千里虽遥,孰敢不至!

茂盛的木槿,早上开着耀眼的花,到晚上就谢了。他因而感念人生,盛年一过就会衰老,很想及时努力。这跟看到紫葵花就想及时有所作为的想法是一致的。孔子传下来的教训说,到了四五十岁还没有声誉,这样的人就不足畏。渊明这时已经40岁,所以想发奋有所作为,把车子涂上油，鞭着名马，即使是千里的远路，谁能不赶去呢？这时候，渊明可能看到刘裕政权的新气象，又想有所作为，所以很远地到刘裕那儿去做镇军参军了。他有一首诗叫《始作镇军参军经曲阿作》。渊明40岁那年，刘裕打平了桓玄，在做镇军将军，留驻京城。渊明经过曲阿（今江苏丹阳）到刘裕那儿去做参军。①那诗说：

> 弱龄寄事外，委怀在琴书。
> 被褐欣自得，屡空常晏如。
> 时来苟冥会，宛辔憩通衢。
> 投策命晨装，暂与园田疏。
> 眇眇孤舟逝，绵绵归思纡。
> 我行岂不遥，登降千里余。
> 目倦川途异，心念山泽居。
> 望云惭高鸟，临水愧游鱼。
> 真想初在襟，谁谓形迹拘。
> 聊且凭化迁，终返班生庐。

20岁时不想做官，把精神寄托在琴书上。穿着粗布衣裳，吃的常常不够，可还是很高兴。时机来了，假如跟自己的意见暗合，那就让归耕的想法委屈一下，停留在大家奔走做官的路上。这可能是说，要是刘裕真想把国事搞好，跟自己的想法相合，那就放弃归耕去帮他。抛弃了手杖，准备好行装，暂时离开田园，坐船远去。可是归耕的念头还难以断绝，走了很多路，看到飞鸟游鱼的自由自在，感到自己要受做官的束缚，不免惭愧。保持本性的想法原在心里，谁说受到形迹的拘束呢？姑且跟着时运变化吧，终当像汉朝班固说的，回到仁人所住的去处。

渊明这次跑了好多路到刘裕那儿去做参军，委屈自己去做官，可见他对刘裕是寄予希望的。不过他保持真诚的本性的想法一点儿不变，要是跟刘裕合不来，他是不会受官位的拘束，准备立即回来的。他果然在刘裕那边没过多少时候，就回来了，有一首《连雨独饮》说：

> 运生会归尽，终古谓之然。
> 世间有松乔，于今定何间。
> 故老赠余酒，乃言饮得仙；
> 试酌百情远，重觞忽忘天。
> 天岂去此哉，任真无所先。
> 云鹤有奇翼，八表须臾还；

自我抱兹独，僶俛四十年。

形骸久已化，心在复何言？

生物的运转变化应当归于死亡，自古以来就是这样的。世间传说的仙人赤松子和王子乔，现在在哪儿呢？老辈送酒给我，开始喝时种种烦恼都离开了，再喝一切都忘却。可是天然淳朴的本性哪儿能就丢了呢？只要任着这种真诚的本性去做就得了。看看云中的鹤有高飞的翅膀，远远地飞到天外很快地飞回来。自从我抱着这种本性，费力保持了40年。个人的形体虽有变化，保持本性的心却是不变的。

"云鹤有奇翼，八表须臾还"，渊明可能在说自己像高洁的云中白鹤有远大的抱负，因此向天外飞去，可是去的地方和自己不合，所以一会儿就飞回来。渊明在刘裕手下做官，可能一看到他也是有野心的，并不赤心为国，所以就回来了吧。

这年，刘裕委任刘敬宣做建威将军江州刺史，驻浔阳，就在渊明的家乡。渊明又到建威将军手下去做参军。刘敬宣是刘牢之的儿子，刘牢之被桓玄逼死后，他逃奔北方的南燕，后来又逃回来。因此，跟刘裕一起起兵的将领刘毅对刘裕说，刘敬宣既不忠于国，起义时他又不参加，让他做江州刺史，使人愤慨不平。刘敬宣因此不能安心，在下一年安帝义熙元年乙巳（公元405年）三月，上表请求解职。渊明有一首诗叫《乙巳岁三月为建威参军使都经钱溪（今安徽贵池梅根港）》，可能就是替刘敬宣上表辞官。刘敬宣去官后，渊明也辞官回去了。

注释：

①《文学研究》第三期段熙仲同志《陶渊明事迹新探》："镇军将军可能是王蕴，军府在会稽。""渊明在太元九年（公元384年）参其军事，时年二十。"按颜延之《陶徵士诔》说他"初辞州府三命"，《宋书·隐逸传》说他"亲老家贫，起为州祭酒"，萧统《陶渊明传》《晋书·隐逸传》《南史·隐逸传》都这样说，可见他最初出来做的官是州祭酒，不是镇军参军，这是一。《饮酒》诗说："畴昔苦长饥，投耒去学仕。将养不得节，冻馁固缠己。是时向立年，志意多所耻。""学仕"应该是开始学做官，要是过去已经做过官，这时再去做官，就不宜说

"学仕"。"向立年"是29岁，可见渊明开始做官是29岁，不是20岁，这是二。《始作镇军参军经曲阿作》的开头说："弱龄寄事外，委怀在琴书。被褐欣自得……"弱龄是20岁，可见他20岁时还是把精神寄托在世事以外，专心琴书。要是他20岁就去做镇军参军，不该这样说。又"被褐"犹穿布衣，不做官的人才这样说。这是三。根据这三个理由，我认为，镇军将军可能是王蕴的说法不成立。镇军将军应该从《文选》李善注作刘裕。段熙仲同志认为镇军将军不是刘裕的理由是这样："但刘裕一说本身有一种困难：陶集第三卷全收五言诗，它们的排列大体上是依时代先后的，而这首诗却在《庚子岁五月中从都还阻风于规林》一首之前，庚子为隆安四年（公元400年），相去五年，不应先后倒置，所以好些注家因此而不从刘裕的说法。"这是根据陶集五言诗是按时代先后排列的，要是认镇军将军为刘裕，这首诗就不该排在《庚子岁五月中从都还阻风于规林》那首诗的前面。其实陶集的五言诗，除了诗集上注明年份的按年份排列外，别的诗并不按年份排列。陶集卷二就是五言诗，第一首《形影神》约作于公元413年，第二首《九日闲居》约作于公元419年，第三首《归园田居》当作于公元406年；再看卷三不注明年份的诗的排列，先《饮酒》，当作于公元417年，次《止酒》当作于公元413年，次《述酒》，当作于公元421年，次《责子》当作于公元408年（以上系年据王瑶先生《陶渊明集》）。可见不论卷二还是卷三都不是按年代先后排列的。因此按年代先后排列来推翻镇军将军是刘裕的说法也不能成立。

做彭泽令到归耕

渊明辞去了建威参军,那年八月里,由他的叔父陶夔推荐,到离家百里的彭泽县去做县官。到十一月里,恶浊的官场又逼得他做不下去了,碰上他嫁在武昌程家的妹子死了,他要去奔丧,就辞官回去了。渊明在29岁做江州祭酒,到41岁辞去彭泽令,13年来一直在做官和归耕中徘徊,过着矛盾的生活。到这时候,矛盾解决,下决心归耕,从此不再出来做官了。

渊明在《归去来兮辞》的序里,说明了他决意归耕的心情:

> 余家贫,耕植不足以自给;幼稚盈室,瓶无储粟,生生所资,未见其术。亲故多劝余为长吏,脱然有怀,求之靡途。会有四方之事,诸侯以惠爱为德,家叔以余贫苦,遂见用于小邑。于时风波未静,心惮远役,彭

泽去家百里，公田之利，足以为酒，故便求之。及少日，眷然有归欤之情。何则？质性自然，非矫厉所得；饥冻虽切，违己交病。尝从人事，皆口腹自役；于是怅然慷慨，深愧平生之志。犹望一稔，当敛裳宵逝；寻程氏妹丧于武昌，情在骏奔，自免去职。仲秋至冬，在官八十余日。因事顺心，命篇曰《归去来兮》；乙巳岁十一月也。

渊明由于家贫，孩子多，田里的收入不够维持，粮食缺乏，生活所需无法安排，亲友都劝他去做官。他也想找官做，只是没有路子。碰上刺史有事要派人出去，关切他，派他去了。后来他的叔父介绍他去做县官。这时风波没有平定，他怕跑远路，就求做彭泽令。做了不多天就想回去。为什么？天性这样，不是勉强改变得来；冻饿虽是切身的痛苦，但是违反自己的意愿，身心都困苦。曾经做过官，都为了口腹让心给形体做奴役。于是惆怅地慨叹，惭愧辜负了平生的志愿。本想做一年再走，不久，他妹妹死在武昌，他想去奔丧，就辞官回去了。

渊明这里说的，是他徘徊在做官和归耕中

的原因之一。他经常在生活困苦中，为了生活就想出来做官；一做官，觉得违反自己的意愿，弄得身心交病，又想回去。在这里，我们想到渊明在江陵回来后作的《和郭主簿》诗里，说家里有积谷，还可以用粮食来做酒，那怎么说"饥冻虽切"呢？原来当时农田的收获是不稳定的，碰上丰年可以有些积谷，可以酿酒。一碰上灾荒，像渊明20岁上，就"弱年逢家乏"，要挨冻挨饿了。当时正是乱世，水利不修，丰年少而灾荒多，所以渊明要常常挨饿了。

渊明是有做一番事业的志愿的，做官正是找寻一种依靠来实现自己的志愿。当时要实现志愿有两种态度，拿从前的话来说，一种是圣贤的态度，一种是豪杰的态度。圣贤要事事合乎正义，合乎他们所说的真理，不合宁可不干；豪杰只要能够达到自己的目的，不妨运用手段。渊明采取前一种态度，所以几次出来做官，几次想找到实现志愿的机会，终于找不到，这是他在做官和归耕中徘徊的原因之二。

当时是讲究门第的时代，像渊明那样的家世，只能做祭酒、参军等官职。那时又是一个危机四伏的乱世，掌握地方政权的像桓玄、刘裕等人又是很有野心的，在这些人手下做事，或者是坚持自己的正义立场，反对他们不义的行为，那他们就不会容忍；或者真心归向他们，为他们效忠，在当时凭借武力互相吞并的局面下，替武人效忠很可能会跟他们一起覆灭的。不论是前者还是后者，都有杀身之祸，他所以一看情势不合就辞官回去，这是在做官和归耕中徘徊的又一原因。

经过13年的矛盾徘徊，诗人到底认识到当时的官场是不适于他的生存的，当时武人的争权夺利、阴谋排挤甚至互相残杀的作风，他是看不惯的。他的一腔抱负是不能依靠这些武人来实现的。他认为自己"性刚才拙，与物多忤，自量为己，必贻俗患，俛俛辞世"（《与子俨等疏》）。他的秉性是刚强的，是看不惯一切不义的行为的；他对于当时争权夺利、阴谋排挤的这套是厌恶的。因此，跟当时的一切都合不来，自己忖度要是凭着自己的性格做下去，一定要遭受祸患，而自己的抱负还是无法施展。渊明是学习儒家和道家经典的，儒家本有"危邦不入，乱邦不居"的教训，道家更以保全自己为首要，所以渊明终于离开这些掌握实权的武人回来了。

不过为了救穷，他还想在小县里做个县官，离开这些掌权的武人。当他一做县官，就明白这样还是不行的。当时的县官在刺史管辖下，当刺史的就是这些掌权的武人，他们要通过县官来向百姓剥削。他们手下有一种官叫督邮，是监督县官的官，到各县来察看，看看县官能不能为刺史多多搜刮，视搜刮的多少来评定县官成绩，分别高下，确定哪个要奖励，哪个要惩戒甚至罢免。渊明觉得自己的抱负既无法施展，又不愿替武人向百姓进行搜刮，因此并不想长期做下去，只是还想做一年再走。他做县官，没有什么要求，只是想公家田地里的粮食可以用来做酒，可以让他经常有酒喝。到了十一月里，郡里派督邮来了，那自然是来考察他这年向百姓搜刮的成绩的。他既不愿向百姓搜刮，对于督邮的到来自然更受不了，便推说要去奔妹妹的丧辞官了。萧统在《陶渊明传》里讲到他做彭泽令时说：

> 不以家累自随，送一力给其子，书曰："汝旦夕之费，自给为难。今遣此力，助汝薪水之劳，此亦人子也，可善遇之。"公田悉令吏种秫，曰："吾常得醉于酒足矣！"

妻子固请种粳，乃使二顷五十亩种秫，五十亩种粳。岁终，会郡遣督邮至县。吏请曰："应束带见之。"渊明叹曰："我岂能为五斗米，折腰向乡里小儿！"即日解绶去职。赋《归去来》。

这段叙述里有些可能是传闻，不够确切。渊明在八月里到彭泽去做官，阴历八月是庄稼成熟的季节，并不是种庄稼的时候，根本不会发生种粳米稻（粳）还是种黏米稻（秫）的问题。当时渊明41岁，长子13岁，他派一个雇农去帮长子种田，13岁的孩子还不适宜处理家务。所以他"不以家累自随"，即不带家眷去，也就不会发生妻子和他争着要种什么的问题。县官见督邮行礼，这算不得屈辱，他既做过祭酒参军，他见上级时也要行礼的，不该为了这点辞官。推想起来，十一月里庄稼都已收齐，县官向人民征收的公粮也应该有个眉目，督邮的到来就是要考察县官向人民征收粮食的成绩的。渊明不愿向百姓搜刮，因此感到受不了，这才辞官的吧。实际上，他归耕的念头这时已经决定，即使没有妹丧或督邮的到来，他也是要归耕的。

他有四首《归鸟》诗,真切地写出了他归耕的心情:

> 翼翼归鸟,晨去于林。
> 远之八表,近憩云岑。
> 和风不洽,翻翻求心。
> 顾俦相鸣,景庇清阴。
>
> 翼翼归鸟,载翔载飞。
> 虽不怀游,见林情依。
> 遇云颉颃,相鸣而归。
> 遐路诚悠,性爱无遗。
>
> 翼翼归鸟,驯林徘徊。
> 岂思失路,欣及旧栖。
> 虽无昔侣,众声每谐。
> 日夕气清,悠然其怀。
>
> 翼翼归鸟,戢羽寒条。
> 游不旷林,宿则森标。
> 晨风清兴,好音时交。
> 矰缴奚施,已卷(倦)安劳!

第一首，飞得很熟练的归鸟，早晨离开树林，远飞到天外，近歇在云里的高山上。风向不顺，转动着翅膀，顺着自己的意愿歇在清阴下。这是说他本想出外有所作为，时势不合，只好保持自己的本性归耕。第二首，说那鸟儿虽不怀念远游，可是见了树林就想歇，碰到云就想比个高下，回来的路诚然远，本性的爱好没有丢失。这是说，他并不贪恋官位，却怀念田园，跟孤云比品格的高洁，要保持纯洁的本性。渊明有首《咏贫士》诗，就是用孤云来比贫士的高洁的。第三首，说鸟儿绕树林飞着察看着，哪儿是想上天呢？还是高兴回到原来的地方。这是说他不愿攀龙附凤去求富贵，还是高兴归耕。接下去说虽没有从前的伴侣，这是说在乡下虽没有像官场中那样的人，可是大家跟他很和谐。第四首，说那鸟儿敛着翅膀停在树枝上，它出游时不在空旷的树林里飞，歇宿时停在茂密的树梢上，射鸟的箭哪儿用得上；鸟儿已经倦了歇息了，哪里再要劳动射鸟的人！这是说自己的行动非常警惕，竭力避免陷入阴谋篡夺的旋涡，现在自己归耕了，即使非常猜忌的人对自己也不劳猜疑了。

在《归鸟》诗里，他说明在政治上已无可

为。当时执掌政权的人,并没有为国为民的救世心肠,并不是廓然大公任用有能力有功勋的人来办好国家的事,都是想培植私党,排挤异己,篡夺政权。这种风气还是从曹操和司马懿来的。他们先掌握军权,进一步夺取政权,这时候就要建功立业来树立自己的威信,然后废掉原来有名无实的皇帝自己做起皇帝来。不过曹操和司马懿还想做周文王,一切安排好了让儿子来做皇帝。到了桓玄就连这点假面具也揭去了,夺取了政权就自己做起皇帝来。后来的改朝换代也都一样,不过阴谋篡夺的人心肠更残忍,不惜尽量残杀有能力有功勋的人,牵入在这种政治旋涡里就有被杀害的危险。从桓玄的政变过程里,从刘裕的任用私人、培植私党引起有功将领的不满里,像刘敬宣的做江州刺史到辞职的事,渊明已经看到了这种政治上的不安情况。儒家本来有"危邦不入,乱邦不居""天下有道则现,无道则隐""穷则独善其身,达则兼善天下"的教训。道家更是以保全自己为第一要义,他是信奉这些教训的,看到当时是乱世,是危邦,天下无道,为了保身远害,所以决心归耕,这是又一个原因。

归耕后的生活

渊明在41岁的安帝义熙元年乙巳（公元405年）十一月里辞官回家，写有《归去来兮辞》，[①]描写回去时的情形和回去后的生活，也写出了他的感想。"既自以心为形役，奚惆怅而独悲。悟已往之不谏，知来者之可追；实迷途其未远，觉今是而昨非。"他认为一个人的身体应该照着心里想的去做，现在心里厌恶官场，身子却在做官，这就颠倒过来让心替身子服役了，那又何必惆怅悲伤呢？觉悟到已经过去的无可补救，只有未来的还可改变，这才决心回去了。

一、在上京的生活

渊明那年已经由柴桑迁居到上京[②]，在栗里附近（柴桑在九江县西南，栗里离柴桑不远）。那里有一道小河叫吴陂港，通大江。渊明的家靠近水边，所以说："舟摇摇以轻扬，风飘飘而吹衣"，是坐船回家的。这时家里"松菊犹存"，"有酒盈樽（杯）"，生活还是过得去的。"策扶老以流憩，时矫首而遐观。云无心以出岫，鸟倦飞而知还。"拿着拐杖走走歇歇，抬头看看景物感到自己像云那样飘出山去，又像鸟那样倦了飞回来。"悦亲戚之情话，乐琴书以消忧。"跟亲戚谈谈，看看书，可以忘掉烦恼，到了春天，"怀良辰以孤往，或植杖而耘耔"，有时一个人出去领略美好的风光，有时把拐杖插在泥里亲自去种田。渊明就过着这样的田园生活。

渊明有《归园田居五首》，也是描写当时生活的。他描写他的家："方宅十余亩，草屋八九间，榆柳荫后檐，桃李罗堂前。暧暧远人村，依依墟里烟；狗吠深巷中，鸡鸣桑树巅。户庭无尘杂，虚室有余闲。"屋子很宽敞，前后还种着花木。环境幽静，远远地望去可以看到村庄，因为远，所以望过去是暧暧的，不甚分明，那里的炊烟仿佛可辨。没有嘈杂的人声，听见的是鸡啼狗叫，幽静极了。空闲时，就去找邻居谈笑。"时复墟曲中，披草共来往；相见无杂言，但道桑麻长。"大家谈谈庄稼的事。酒熟了，杀了鸡，邀附近邻人来喝酒。夜里烧着一种柴代替蜡烛,喝着谈着一直到天亮。"漉我新熟酒,只鸡招近局(近邻),日入室中暗,荆薪代明烛。欢来苦夕短,已复至天旭。"有时候带着子侄辈去游玩,看到了荒废的屋子,免不了对人世的变化发生感慨。到了耕种季节,"开荒南野际",在荒地上耕种。

> 种豆南山下,草盛豆苗稀,
> 晨兴理荒秽,带月荷锄归。
> 道狭草木长,夕露沾我衣;
> 衣沾不足惜,但使愿无违。(同上)

在南山下种豆,可能是开荒地来种的,所以杂草很多。早上起来去锄草,带(戴)着月亮回来。只要不违背自己的心愿,那么即使露水打湿了衣裳,即使劳动得非常辛苦,还是乐意的。种田比做官要辛苦得多,但他为了保持自己纯洁的志愿,宁愿选择辛苦的种田生活,这正显出他的高洁的品格来。

这时候和渊明一起生活的有他的同祖父的弟弟陶敬远。他称这位从弟:

心遗得失,情不依世;
其色能温,其言则厉,
乐胜朋高,好是文艺。
遥遥帝乡,爰感奇心;
绝粒委务,考槃山阴。
淙淙悬溜,暧暧荒林,
晨采上药,夕闲素琴。(《祭从弟敬远文》)

渊明的从弟抱着道家出世的思想,把世俗的所谓得失都丢了。待人温和,说话严肃。他爱好品格高洁的朋友,爱好文艺。他羡慕修仙(帝乡即仙乡),曾经学习道家不吃五谷的修炼方法,丢开世事,隐居在山南,早上出去采药,晚上回来弹弹琴。渊明跟这位从弟从小在一块,两人交情极好,在亲密的谈笑中忘掉了饥寒。渊明辞官回来,他的从弟很能够理解他。

敛策归来,尔知我意;
常愿携手,置彼众议。
每忆有秋,我将其刈,
与汝偕行,舫舟同济。

> 三宿水滨，乐饮川界，
> 静月澄高，温风始逝。（同上）

渊明的辞官，很多人不理解他，对他有意见。敬远跟一般人不同，是很理解他的。到收成时，渊明和敬远一起下田割稻。初秋，他们曾经坐着船一块出去，夜里，月亮高高的，风吹来已有秋意了，他们在船里喝酒，在河上过了三夜。这时候静月高照，已有秋意。这是渊明归田后生活的一部分。敬远相信修仙，和渊明不同。不过在归耕上，在接受道家思想上，两人的思想是相通的。敬远后来在渊明47岁那年就死去了。

渊明在家庭里对孩子是慈爱的，有首《责子》诗，是他和孩子戏谑的表现：

> 白发被两鬓，肌肤不复实。
> 虽有五男儿，总不好纸笔。
> 阿舒已二八，懒惰故无匹。
> 阿宣行志学（14岁），而不爱文术。
> 雍、端年十三，不识六与七。
> 通子垂九龄，但觅梨与栗。
> 天运苟如此，且进杯中物。

渊明显得早衰,这时他只有44岁,已经"白发被两鬓"了,肌肉也不充实,这跟耕田的辛苦和生活的贫困该是有关的。

渊明在义熙元年乙巳(公元405年)归耕那一年,从柴桑迁居到上京。义熙四年戊申(公元408年)六月,碰到火灾,屋子全都烧光了。他有《戊申岁六月中遇火》诗说:

> 草庐寄穷巷,甘以辞华轩。
> 正夏长风急,林室顿烧燔,
> 一宅无遗宇,舫舟荫门前。
> 迢迢新秋夕,亭亭月将圆。
> 果菜始复生,惊鸟尚未还;
> 中宵伫遥念,一盼周九天。
> ……

渊明的茅草屋位置在偏僻的地方,不愿让贵人的车子到来。在刮风的夏天,屋子和靠近屋子的树木都烧了,只有那只船还停泊在门前。屋子烧了以后,他还住在上京。到初秋,种子果菜开始生长。他半夜里没有睡,望望天空,想想过去,觉得还是应灌园种菜。

到义熙六年庚戌（公元410年）九月里，他46岁，那年还住在上京，作了《庚戌岁九月中于西田获早稻》诗：

> 开春理常业，岁功聊可观；
> 晨出肆微勤，日入负未还。
> 山中饶霜露，风气亦先寒，
> 田家岂不苦，弗获辞此难。
> 四体诚乃疲，庶无异患干。

那年一开春他就去种田，早上出去，到太阳落山才背着耕具回来，希望年成还可观。种田虽说辛苦，庶几可以没有别的患害来干扰了。大概这年早稻收获以后，他就搬到浔阳城外的南村去住了。

二、在南村时的交游

南村离城市近，跟在上京的偏僻不同，因此可以交到不少朋友。渊明在《移居》里，讲到在南村的生活：

昔欲居南村，非为卜其宅；
闻多素心人，乐与数晨夕。
怀此颇有年，今日从兹役。
敝庐何必广，取足蔽床席。
邻曲时时来，抗言谈在昔；
奇文共欣赏，疑义相与析。

春秋多佳日，登高赋新诗；
过门更相呼，有酒斟酌之。
农务各自归，闲暇辄相思，
相思则披衣，言笑无厌时。
此理将不胜，无为忽去兹。
衣食当须纪，力耕不吾欺。

我们知道渊明在辞官归来时，"方宅十余亩，草屋八九间，榆柳荫后檐，桃李罗堂前"，住的地方是宽敞的。这时经过火灾以后，家境更困难了，住得很局促。但他并不计较这些，他认为住屋只要放得下床席就行了。这时期的生活，比前不同的，是他获得了不少可以谈谈诗文的朋友。他住在上京山，接触的是农民，所以"相见无杂言，但道桑麻长"。这时跟文人做朋友，可以一起欣赏文学作品，辨析疑难。到了春秋佳日，一起登高作诗。农忙时候各自回去种田，农暇的时候互相访问，谈着笑着没有厌倦。这种生活他已向往很久，所以早想搬到南村来住，到这时候，他的愿望才实现了。

和渊明在一起饮酒作诗的，有殷铁、庞通元、张野和颜延之等人。渊明有一首《与殷晋安别》：

游好非少长，一遇尽殷勤，
信宿酬清话，益复知为亲。
去岁家南里，薄作少时邻；
负杖肆游从，淹留忘宵晨。
语默自殊势，亦知当乖分；
未谓事已及，兴言在兹春。
飘飘西来风，悠悠东去云，
山川千里外，言笑难为因。
良才不隐世，江湖多贱贫，
脱有经过便，念来存故人。

殷铁曾经做过江州属下的南郡掾（掌书记），住在浔阳。他和渊明并不是从小认识的，只是一见如故,很投契。经过两夜(信宿)的谈话,更觉亲近了。他们在一起尽情游玩,长久地在一起忘掉了早晨夜晚。可是渊明跟殷铁的志愿是不同的,渊明归耕,殷铁做官,正像说话跟沉默那样不同,到底分别了。义熙七年(公元411年),刘裕做太尉。三月里,殷铁去做太尉参军,要到京里去了。渊明作这首诗送他,还希望他倘有便经过浔阳,来看看老朋友。殷铁字景仁,后来辅佐刘裕,并成为刘裕子宋文帝的心腹。他对于朝廷上的仪式、国家的典章制度,都非常熟悉,是个热心功名的人,渊明和他一见就定交,过从很密,这也见得渊明并不是真的要遁入山林与世相忘的人,他不是搬到山里去而是搬到浔阳附近,也说明这一点。他一方面知道世事已无可为,所以不愿再出来;一方面又不能真的忘掉世事,这是他归耕后的心情。从他的《和刘柴桑》诗中,可以看出他不愿搬到山里去:

山泽久见招,胡事乃踌躇?
直为亲旧故,未忍言索居。

刘柴桑名刘程之,曾经做过柴桑令,所以渊

明称他刘柴桑。他这时隐居庐山，邀渊明也到山里去隐居，所以说"山泽久见招"。渊明为什么要踌躇呢？因为他不愿离开亲戚朋友，去过离群独居的生活，可见他跟入山惟恐不深的隐士是不同的。"良辰入奇怀，挈杖还西庐"（《和刘柴桑》），他有时也到庐山去找刘柴桑。

义熙十年（公元414年），渊明50岁，那时庐山东林寺和尚慧远组织白莲社，入社有123人，慧远叫刘遗民（即刘柴桑，因他当时隐居不出，故称遗民）作"誓愿文"。渊明和慧远有交谊。慧远邀他入社，他说："我爱喝酒，要是可以喝酒就来。"慧远答应了，他就去了东林寺。慧远勉强他入社，他皱着眉头走了。渊明对佛教并无信仰，他的思想跟慧远也不同，自然不愿加入白莲社了。

义熙十一年（公元415年），刘柳做了江州刺史，颜延之在刘柳手下做了后军功曹，住在浔阳，和渊明结交，情意深挚。颜延之说：

> 自尔介居，及我多暇，
> 伊好之洽，接阎邻舍，
> 宵盘昼憩，非舟非驾。

念昔宴私，举觞相诲：
独正者危，至方则碍，
哲人卷舒，布在前载。
取鉴不远，吾规子佩，
尔实愀然，中言而发：
违众速尤，迕风先蹶，
身才非实，荣声有歇。(《陶徵士诔》)

自从渊明独居跟延之多空暇的日子里，两人作为邻居非常和洽，日夜在一起游乐。在喝酒时，渊明举杯劝道："一个人独自守正的危殆，行为顶方正的有妨碍。从前的哲人碰到治世才舒展自己的抱负，碰到乱世就把自己的抱负卷藏起来，这些都在以前的记载里。"渊明又忧郁地说："违反同流合污世俗的会招致悔恨，像树长得高出于树林的碰到暴风就要摧折。"渊明在这里表示出他在乱世待人接物的态度，他一方面不和统治阶级合作，一方面也不愿过于表现棱角，避免祸害。他用这种处世态度来规劝颜延之。颜延之是当时的著名文学家，喜欢喝酒，性情耿直，讲起话来没有忌讳，生活也俭朴。他的趣味和渊明相投，所以成为好友，不过颜延之也是追求功名的人，义熙十二年（公元416年），刘柳死了，延之便到刘裕的儿子刘义符手下去做参军。

此外，和渊明交好的，像刘遗民隐居在庐山，还有周续之，和渊明并称为"浔阳三隐"。刘遗民约在义熙十一年（公元415年）死去。义熙十二年（公元416年），檀韶做江州刺史，竭力拉周续之出来，跟学士祖企、谢景夷三人，一同在城北讲礼，校正有关典礼的书。他们住的屋子，靠近马棚。渊明那时写了一首诗，题目叫《示周续之、祖企、谢景夷三郎》：

负疴颓檐下，终日无一欣。
药石有时闲，念我意中人。
相去不寻常，道路邈何因。
周生述孔业，祖谢响然臻；
道丧向千载，今朝复斯闻。
马队非讲肆，校书亦已勤。
老夫有所爱，思与尔为邻；
愿言诲诸子，从我颍水滨。

这首诗说他正害病，躺在屋檐下整天没一点

儿快乐。除了吃药，就想念好朋友。朋友离开不近，道路远隔，何由去看他们呢？现在周续之出来讲儒学，祖企、谢景夷响应着到来。只可惜马棚不是讲堂，他们校正书籍也已经勤苦了。渊明爱跟他们做邻居，愿意让他们跟他一块儿隐居。相传许由隐居在颍水南面，不受尧的招聘，渊明要他们以许由为榜样。

渊明说的马棚不是讲堂，指出当时的统治者并不能够真正尊重儒学，因此劝他们归隐。从这里也显出渊明寂寞的心情，因为他的朋友们都纷纷走向做官的路上去了。

这时和他交往的，还有乡亲张野和朋友羊松龄、庞遵等。义熙十三年（公元417年），羊松龄在左将军朱龄石手下做长史。这年刘裕灭后秦，收复长安。朱龄石派羊松龄到长安去向刘裕祝贺，渊明作诗送他。庞遵，字通之，做主簿的官职，也不是隐居的。张野，朝廷上曾聘他去做散骑常侍，他不去，志趣和渊明相同。

义熙十四年（公元418年），王宏做江州刺史，仰慕渊明的名望，要跟他结交，曾经亲自去访问。渊明推说有病，没有接见。后来他对人说："我的性情跟世俗不合，又因害病待在家里,并不要卖弄什么高洁的志趣来追求声名,哪里敢让王公的车子绕到这儿来以显示我的荣耀呀!错误地以不贤的算贤,这就会招致士大夫的毁谤,那罪是不小的。"

王宏没有看到他,派人去探听,打听到他要到庐山去,就派朋友庞通元等带了酒,在半路上等他。渊明碰到了,就跟朋友们一起在亭子里喝酒,酒喝得很高兴,不想向前走了。这时候,王宏就出来跟他相见,大家一起高兴地喝酒。渊明不穿鞋子。王宏要手下人替他做双鞋子。没有脚的尺寸,渊明就把脚跷起来让他们量。王宏请他进城,问他坐什么。他说脚有毛病,坐竹轿。王宏就叫一个门生和两个儿子抬着竹轿进城,到刺史衙门里,谈着笑着,跟平常一样,丝毫没有羡慕富贵的神气。后来王宏要见他,往往到树林边湖边来守候他。有时候知道他没有酒喝,家里米没有了,就叫人拿酒和米去送给他。

渊明老年多病,不大写作,但还是很爱朋友。他59岁那年,有个庞参军慕名去看他。他们一谈就亲热得像老朋友一样。庞参军作诗送他,他也写了《答庞参军》的诗,在诗序中说:

三复来贶,欲罢不能。自尔邻曲,冬春再交;款然良对,忽成旧游。俗谚云,"数面成亲旧",况情亲过此者乎?

渊明再三阅读庞参军送来的诗,看得放不下手。他和庞参军做了邻居,从冬天到春天,诚挚地交好,很快成为老朋友了。他在那首诗里说:

> 有客赏我趣,每每顾林园。
> 谈谐无俗调,所说圣人篇。

那位庞参军爱他的风趣,时常来看他,两人谈得很投契。不过庞参军是有志功名的人,奉了王宏的命令出使到江陵去,又在江陵奉了宜都王刘义隆的命令到京里去,所以渊明说:

> 嘉游未斁(yì,厌),誓将离分;
> 送尔于路,衔觞无欣。
> 依依旧楚,邈邈西云,
> 之子之远,良话曷闻?

他们快乐地嬉游,还没一点儿厌倦,却要离

别了。送别时，喝着酒都不高兴。庞参军从江陵来，江陵是以前楚国的国都，是可以依恋的。现在都像远远地西来的云要漂流到远处去，从此怎能再听到有意义的好话呢？

从上面这些叙述里，我们看到渊明归耕以后，交往的朋友像殷景仁、颜延之、羊长史、周续之、祖企、谢景夷、庞参军等，都是在刘裕执掌政权时出来做官的，其中像殷景仁更是刘裕代晋建立宋朝后的佐命功臣，颜延之也是想在新朝大有作为的人。渊明又做了大官江州刺史王宏的座上客，王宏也是新朝的佐命功臣。从这里，我们看到渊明跟抱着出世思想的隐居的人是不同的。那些人隐姓埋名，不愿与功名之士或贵人交往，不愿过问世事，与世相忘。渊明既结交功名之士，也和贵人交往，留心世事，并不真的与世相忘，这是一。渊明在当时名望很高，殷景仁是有政治才能的，颜延之是当时的著名文学家，都跟他交好。王宏那样的贵人还亲自去访问他，这是二。因此，义熙末年，朝廷请他去做著作郎，他不去。所以后来称他为陶徵士，表示他是受到朝廷征聘的人。以上说的，是他归耕后生活的一个方面。

三、艰苦的劳动和贫困的生活

渊明当时生活的另一方面，比较突出的是躬耕的辛苦和处境的窘迫。他在50岁那年写的《杂诗》里说：

代耕本非望，所业在田桑。
躬亲未曾替，寒馁常糟糠。
岂期过满腹，但愿饱粳粮；
御冬足大布，粗絺已应阳。
正尔不能得，哀哉亦可伤！
人皆尽获宜，拙生失其方；
理也可奈何，且为陶一觞！

这是说本不望做官食禄来代替耕种，所业就是种庄稼。亲自劳动不敢抛荒，可还是经常挨冻挨饿，常常吃粗粮。哪儿想吃饱了还有多余，只要能够吃饱，冬天穿粗布，夏天穿葛布，已经很满足了。可就是这样的要求也得不到，这是多么哀伤啊！因此感叹自己不会生活。

渊明在54岁时，在《怨诗楚调示庞主簿邓治中》里说：

> 炎火屡焚如，螟蜮恣中田；
> 风雨纵横至，收敛不盈廛。
> 夏日长抱饥，寒夜无被眠；
> 造夕思鸡鸣，及晨愿乌迁。
> 在己何怨天，离忧凄目前。

渊明44岁时，家里失火，把房子都烧了。照这首诗看来，他的遭遇火灾还不止一次，这也是他的家境越来越穷困的原因之一。其次是碰到虫灾、风灾、水灾，造成荒年，收获很少。这些，使得他夏天长时期挨饿，冬天没有被子；到夜里受不了寒冷，只盼望天亮，到天亮受不了肚子饿，只盼望天黑，就这样在痛苦中受煎熬。

渊明在《咏贫士》中说：

> 凄厉岁云暮，拥褐曝前轩；
> 南圃无遗秀，枯条盈北园。
> 倾壶绝余沥，窥灶不见烟；
> 诗书塞座外，日昃不遑研。
> ……

在北风凄厉一年将尽的时候，渊明在屋前晒太阳。看看园里的花都凋谢了，树叶都落了。他想喝酒，壶里一滴都没有了；想吃饭，灶里连烟也没有。这时候连诗书也不想读了。

渊明在《有会而作》里说：

> 弱年逢家乏，老至更长饥；
> 菽麦实所羡，孰敢慕甘肥！
> 惄（nì）如亚九饭，当暑厌寒衣，
> 岁月将欲暮，如何辛苦悲。

那年也碰到灾荒，收成没有指望，粮食却又吃完了，因此长期挨饿。连豆麦都吃不上，哪儿敢想吃味美的肉食呢？饿得跟三十天吃九顿饭那样。从前子思住在卫国，三十天吃九顿饭，渊明这时跟他差不多了。"亚"，相次，"九饭"，三旬九食，即跟三旬九食相亚。到了夏天还穿着冬天的衣裳，到了冬天那就更困苦了。

渊明有一首《乞食》诗，大概就是在这样困苦的生活中写的。

> 饥来驱我去，不知竟何之；

行行至斯里，叩门拙言辞。
主人解余意，遗赠岂虚来。
谈谐终日夕，觞至辄倾杯；
情欣新知欢，言咏遂赋诗。
感子漂母惠，愧我非韩才；
衔戢知何谢，冥报以相贻。

在挨饿中，他到了一个不相识的人家。由于他的名望，主人一定看见了就认识他，也知道他的处境，知道他爱喝酒可早已没有酒喝，所以不用他说，就请他喝酒。喝着谈着，他就作了这首诗。对于这位殷勤款待的主人，渊明想起韩信在挨饿时漂母给他吃了一顿饭，韩信后来用千金为报，想想自己无以为报，只能把感激的意思藏在心里（衔，衔感，怀着感激的心意。戢，藏），死后来报答了。

渊明刚归耕时，住得比较宽敞，还有余粮可以酿酒，生活还是过得去的。到后来，遭了火灾，又碰上天灾，就不免经常挨饿了。这期间，他的亲友经常备了酒请他去喝，有时不相识的人，慕他的名望，也来邀他喝酒。他并不推辞，喝起来不讲客套，每次一定要喝醉了才罢。他的酒量大概是不大的，一喝便容易醉，醉了就回去，可是并不大醉。有人慕名来拜访，他不管这是贵人还是平民，只要他家里有酒，就请来客喝酒，客人也有带酒来请他喝的。他要是喝醉了，就对客人说："我醉欲眠卿且去。"有个郡将去看望他，他家做的酒正熟了，他就取下头上的葛巾来滤酒，把浮在酒面上的糟滤去，滤好了还把葛巾戴在头上。他的真率不做作，生活随便，从这些地方都可以看出。

渊明的晚年，有两件事值得提出来谈谈，即他对刘裕北伐和晋宋易代的态度。北伐是当时的大事，至于渊明对晋宋易代的态度，从前人有误解，因此下文对这两者分别做些说明。

注释：

①《归去来兮辞》的序的末了写明"乙巳岁十一月也"，这是渊明辞官归耕的年月，也是他作《归去来兮辞》的年月。因为那篇中说"农人告余以春及"，所以有人说那篇该是在次年春天作的，其实那是写他想象的话。

②据王瑶先生《陶渊明集·还旧居》诗注。

渊明对刘裕北伐所抱的态度

渊明41岁归耕，那年是安帝义熙元年（公元405年）。上一年，刘裕灭掉了桓玄，东晋的政权开始转入刘裕手里。义熙五年（公元409年）四月，刘裕起兵北伐，六年（公元410年）二月，灭南燕（在今山东省东部和江苏省东北部）。四月还京。这时以前领导农民起义的领袖孙恩虽然死了，他的部下在卢循的率领下，在广州起兵，趁刘裕北伐，乘虚攻入江西，沿江东下进攻京城。随后，刘裕把卢循打败，乘胜追击，七年（公元411年）把他消灭。义熙九年（公元413年），刘裕派朱龄石带兵伐蜀，当年就打进成都，平定蜀地。义熙十二年（公元416年），刘裕伐后秦（在今陕西省中部和河南省南部地区），当年收复洛阳；十三年（公元417年）收复长安，灭后秦。刘裕出兵北伐，把朝廷大事交托给他的心腹刘穆之。这时候，穆之病死，刘裕怕别人乘机抢夺政权,急忙回来,封他的第二个儿子刘义真做雍州刺史,镇守长安。义真那时只有12岁,不懂事。刘裕回来以后,留守在长安的将领没人统率,互相残杀。十四年(公元418年),夏王赫连勃勃乘机进攻,长安遂再度沦陷。

渊明对于刘裕的功业抱着怎样的态度呢?刘裕灭桓玄,灭南燕,平卢循,平蜀,灭后秦,这些煊赫一时的功业,是晋朝南渡以来不曾有过的,尤其是收复东京洛阳和西京长安,更是中原人士所日夜祈望的事,是振奋人心的,少年时代抱着慷慨的志节想发奋有为的渊明,这时候却显得非常冷淡,冷淡到在他的诗集中几乎找不到一点有关这些振奋人心消息的描写,这是为什么呢?

要是说渊明在归耕以后,已经与世相忘,不再关心国事,那显然是不对的。只要看他迁居到浔阳附近,交游的人后来又都成为新朝的贵人,就知道他是不能够忘掉世事的。他在50岁作的《杂诗》里说:"盛年不重来,一日难再晨,及时当勉励,岁月不待人。"他还是在勉励自己发奋有为,不要蹉跎岁月的。《杂诗》里又说:

"日月掷人去，有志不获骋；念此怀悲凄，终晓不能静。"为了自己的抱负无法施展，甚至整夜悲伤得不能平静。这些都说明他是不能忘世的。

那么他为什么对刘裕的事表现那样的冷淡呢？他在《饮酒》诗里说：

> 幽兰生前庭，含薰待清风；
> 清风脱然至，见别萧艾中。
> 行行失故路，任道或能通。
> 觉悟当念还，鸟尽废良弓。

幽兰是芳草，有香气；萧艾是杂草，没有香气。清风一来，哪些是香草哪些不是就很容易分别。渊明以前走着走着迷失了归路，归耕以后，又找着了。要是不觉悟，那就要合着古话说的"飞鸟尽，良弓藏"了。渊明在刘裕手下做过参军，他认识到了刘裕是个怎样的人，当他起兵讨桓玄的时候，他是要联合有能力的人的；等桓玄打平了，他就尽量诛杀异己。当时跟刘裕一同起兵的像刘毅、诸葛长民，都被刘裕杀死。晋室宗族也都被刘裕诛杀。这样"鸟尽废良弓"地残杀异己，是渊明所反对的。渊明在另一首《饮酒》

诗里说:

> 子云性嗜酒,家贫无由得,
> 时赖好事人,载醪祛所惑。
> 觞来为之尽,是谘无不塞;
> 有时不肯言,岂不在伐国。
> 仁者用其心,何尝失显默?

西汉的扬雄字子云,性喜喝酒。好事人带了酒去向他请教。他喝着酒,凡是问的没有得不到满意的解答;有时间他伐国的事,他不肯回答。仁人的用心,不论在做官或归隐时都是不会有错失的。当时刘毅、诸葛长民和晋宗室司马休之都是掌握地方政权的,相当于古代的诸侯。刘裕起兵讨伐他们,相当于古代的伐国。对于这种战争,仁人是反对的,是不肯言的。

渊明在《感士不遇赋》里说:

> 世流浪而遂徂,物群分以相形,
> 密网裁而鱼骇,宏罗制而鸟惊;
> 彼达人之善觉,乃逃禄而归耕。

当时争权夺利，结党营私，已经成为一种风气，像水波那样往东流去（徂：往），无法挽回。在这个风气中，水里安着密网使鱼儿吃惊，天空张着大网使鸟儿害怕。这样到处张着罗网，警觉的达人只好逃避官职归耕了。他又说：

> 何旷世之无才，罕无路之不涩；
> 伊古人之慷慨，病奇名之不立。
> 广结发以从政，不愧赏于万邑，
> 屈雄志于戚竖，竟尺土之莫及！
> 留诚信于身后，动众人之悲泣。
> 商尽规以拯弊，言始顺而患入；
> 奚良辰之易倾，胡害胜其乃急！

何以一代空着没有人才呢？实在是没有一条路不艰难的。比方古人抱着慷慨的志节，只愁不能建立功名，可是结果怎样？像李广年轻时候就参军，立了很多功劳，就是封他做万户侯他也没有什么惭愧的，可是他的雄心就是受到皇亲国戚卫青的压抑，连一尺土都封不到，终于自杀，只能在死后引起人们的悲泣。像汉朝王商尽心规谏来拯救弊害，他的话开始时顺利地得到皇帝的信任,后来受到谗害气得吐血死去。为什么好时光容易过去,为什么危害到来这样急迫!

在当时,争权夺利,结党营私,残害异己,已经成为风气。渊明着眼在这种坏风气上,认为它可以斫丧人才,使慷慨有志的人无从施展抱负。在刘裕身上,突出地表现了这一切。渊明认为风气败坏到这样,一切救国救民的事都无从谈起。在刘裕收复长安时,左将军朱龄石派长史羊松龄去祝贺,渊明作了《赠羊长史》一诗送他:

愚生三季后,慨然念黄虞。
得知千载上,正赖古人书。
圣贤留余迹,事事在中都,
岂忘游心目,关河不可逾。
九域甫已一,逝将理舟舆;
闻君当先迈,负疴不获俱。
路若经商山,为我少踌躇;
多谢绮与甪(lù),精爽今何如?
紫芝谁复采,深谷久应芜,
驷马无贳(货)患,贫贱有交娱。
清谣结心曲,人乖运见疏;
拥怀累代下,言尽意不舒。

渊明叹自己生在夏商周三朝的末代以后，却感慨地想念黄帝虞舜时的淳朴风俗。又想到历代圣贤的遗迹样样都留在中都洛阳，哪儿会忘掉去看看，只是关河远隔不可逾越罢了。现在九州开始统一，我将要整备车和船去看看，听说您先走，可惜我害病不能跟您一块去。您要是路过商山，替我稍微停一下，问问从前隐居在那里的绮里季、甪里先生等，精神现在怎样？他们从前吃紫芝过活，紫芝还有谁来采？入山的路应该久已荒芜了。至于坐着四匹马拉的车子的大官却无法避免患害，反而是贫贱的人有朋友交好。

想到自己跟时世不会遭到疏远，只有隔了好几代的商山隐士的歌曲藏在自己心里，诗作成了，心里的感慨还没有完全抒发出来。

在刘裕收复两京的时候，渊明所向往的还是黄帝虞舜时代的淳朴风俗，还是商山隐士的高洁品德，这正显出渊明的看法。刘裕在义熙十二年（公元416年）伐后秦，十月收复洛阳，十一月就派左长史王宏回京，向朝廷要求"九锡"。九锡是皇帝赐给大臣的九样东西，自从曹操以来，凡是大臣要篡位的，都是先向皇帝要九锡，要九锡已成了要篡位的先声。刘裕的这种心事，当时的人都知道。当时北方魏国的崔浩说:"刘裕打败了秦国回去,一定篡位。"又说:"刘裕的平祸乱,是司马德宗(晋安帝)的曹操。"刘裕灭掉后秦,听到他的心腹掌握朝政的刘穆之死了,仓促地要回去。夏王赫连勃勃的臣子王买德说:"关中地势险要,刘裕却派孩子守在那里,狼狈回去,正要忙着篡位,没有工夫再来经营北方。这是他把关中赐给我们,不可以失掉的。"后来的演变正如他所料,关中地方很快被夏王占领了,刘裕的功业就像昙花一现很快消失了。这种结果,正是当时争权争利、残杀异己的风气造成的。刘裕因为要忙着篡位,平定秦国以后急忙回去,不能够乘胜经营北方,这是由于争权夺利。刘裕手下不少有才能的大将可以镇守关中,可是他一个都不信任,却派自己12岁的孩子去镇守,这又是把持权势的私心。当时平定关中,王镇恶的功劳最大。刘裕留王镇恶、沈田子等辅助他的孩子,临走时对沈田子说:"钟会作乱不成功,正因为有卫瓘的缘故。"钟会是三国时魏国的大将,起兵灭掉蜀国,他想割据一方,被卫瓘杀死。这又说明刘裕不光猜忌同时起兵诸人像刘毅、诸葛长民等,都把他们一个个杀死,就是对他自己的部下也都猜忌。因为他自己争权夺利，便怕部下也争权夺利，要沈田子制服王镇恶。结果，沈田子把王镇恶杀了，王修又杀了沈田子。12岁的孩子刘义真赏赐给左右的财物没有节度，王修往往限制他，他就把王修杀了。这就使关中大乱。赫连勃勃来进攻，没有人可以抵御了。这正是刘裕争权夺利、残杀异己所造成的恶果。从这里我们才看到渊明坚决反对争权夺利、残杀异己的深心。在他看来，只有像黄帝、虞舜那样具有为国为民的忠诚，像高山隐士那样厌恶争权夺利，当代有才能的人才可以真正贡献出他们的才能来。像李广那样的大将，就不会压抑在皇亲国戚的卫青小子手里，像王商那样的忠言，不致被排挤，国事才有可为。尤其是他对于李广的慨叹，使人想到像王镇恶、王修那样有才能的将军，不是压抑在12岁孩子的手下，不是在刘裕的猜忌下牺牲了吗？杀死了这样有功的人，也就断送了恢复的功业。他对李广、王商的慨叹，实际上也就是对时局的慨叹。当时北方沦陷已久，要恢复沦陷区，不仅需要有雄才大略，还需要有为国为民的忠诚，需要有信用一切人才的气度，才能够发挥全国有能力的人的力量，来建立恢复的功业。要是像刘裕那样争权夺利、残杀异己、把持权位，猜忌部下，只能削弱自己的力量，给敌人创造机会，谈不到建立恢复的大业了。所以他的功业只是昙花一现，作成他篡位的资本。渊明从大处着眼，不满意刘裕的"鸟尽废良弓"。他好像早已看到，这种争权夺利、残杀异己的风气不会给人民带来好处，那么他对刘裕的功业无动于衷不就是很自然的吗？

渊明长期在农村中过着种田的生活，对农民的要求有深切体会，那就表现在他的《桃花源诗并序》里。他所向往的是一个风俗淳朴的社会，在这里人民都能安居乐业。他反对的是"终日驰车走，不见所问津"（《饮酒》），整天为了争名夺利在奔走，看不到有谁迷途知返。"孰若当世士，冰炭满怀抱"（《杂诗》），当世的人，争名夺利，可是好的名声和实际的权力像冰和炭那样不相容，在那些人的内心里冲突着。从这个角度看，刘裕的北伐也是不符合渊明的理想的。

刘裕北伐时，前锋王镇恶的部队到达潼关，一时打不进去，粮食吃完了，后面的大军受到北方魏国军队的牵制过不来，粮食接济不上，形势非常危急。王镇恶亲自去劝说当地百姓，百姓争着运送粮食来接济，他才转危为安，打败秦国。当时的百姓是这样来迎接刘裕的部队的。后来刘义真回来时，将士大行抢掠，车子里装满财物、妇女。由于抢的东西太多，一天只能走10里路，因而被赫连勃勃的部队追上，弄得全军覆没。刘裕部下朱龄石守在长安，百姓起来把他赶走。原来是争着送粮来迎接的，这时候却起来赶走他们，这正说明刘裕的部下怎样在那里残害百姓。就人民的利益着眼，这种残害人民的部队自然不能获得渊明的赞许。渊明对他们表示冷淡就可以理解了。

渊明对晋宋易代的感慨

刘裕从长安回来以后，忙着想做皇帝。他听说当时流传的谶（一种迷信的预言）说："昌明的下面还有两个皇帝。"昌明是孝武帝的字，当时的安帝是孝武帝的儿子，刘裕为了要使预言应验，在义熙十四年（公元418年）把安帝勒死，立他的弟弟司马德文做皇帝，即恭帝，改年号为元熙。元熙二年（公元420年），刘裕派傅亮去要恭帝禅位给他，拟好了一道禅位的诏书，要恭帝亲自写。恭帝很高兴地拿起笔来，对旁边的人说："桓玄时候，晋朝的天下早已失掉了，难为刘公把它延长了几乎二十年。今天的事情，本是心甘情愿。"说完就在红纸上写了诏书。刘裕做了皇帝，建国号叫宋，封恭帝为零陵王，改元熙二年为永初元年。永初二年（公元421年），刘裕把一甖毒酒交给张祎，要他去毒死零陵王。张祎说："毒死君来求活，还不如死！"就在路上喝了毒酒死了。刘裕又叫人把零陵王生的男孩杀死,又派兵去药死零陵王。零陵王不肯喝,兵士就用被子把他闷死。

渊明看到了这种悲惨的事是很有感慨的,不过在当时他不便把这种感慨明确地表达出来,只能用一种隐晦曲折的话来表示。他在《拟古》里说:

辞家夙严驾,当往至无终。
问君今何行?非商复非戎;
闻有田子泰,节义为士雄,
斯人久已死,乡里习其风。
生有高世名,既没传无穷;
不学狂驰子,直在百年中。

早起整备好车子要离家,想到无终(今天津蓟州区)去。有人问:你这会儿到哪儿去?不是像孔子那样到宋国去(宋国是商朝的后裔),不是像老子那样到戎地去;听说无终那儿有个人叫田子泰,他的节义很著名,他这人虽早已死了,但那里的人还保持着他那种节义,成为风气。田子泰名叫田畴,是东汉末年的无终人。董卓专权,幽州(今河北一带)牧刘虞派田畴进京去向皇帝致敬意。皇帝封他官职,他不受。回乡后,隐居徐无山中,百姓跟他一起入山的有五千多家。渊明仰慕田畴既有节义,又能够使五千多家老百姓跟他一起去避乱,获得保全。通过对田畴的赞美,他慨叹当时的地方政权中竟没有像田畴那样的人,在刘裕专权、恭帝受到逼害时,去向恭帝表示自己的忠诚。同时也慨叹在乱世缺乏像田畴那样的人,能够率领百姓到山中去避难,使他们获得保全。

> 种桑长江边,三年望当采,
> 枝条始欲茂,忽值山河改。
> 柯叶自摧折,根株浮沧海。
> 春蚕既无食,寒衣欲谁待!
> 本不植高原,今日复何悔!(《拟古》)

刘裕在义熙十四年(公元418年)十二月杀了安帝,立恭帝,到元熙二年(公元420年)六月逼恭帝让位,恭帝从被立到退位,前后经历了三年。恭帝被立,根基本不稳固,好比桑树不种在高原种在江边,所以大水一来,就枝叶摧折,根株漂浮,山河改变,晋朝也就此亡了。这是本根不固,追悔也无及了。

渊明还写了《述酒》诗,更隐晦更深切地表达了晋宋易代的感慨,诗中说:

豫章抗高门,重华固灵坟;
流泪抱中叹,倾耳听司晨。
神州献嘉粟,西(四)灵为我驯;
诸梁董师旅,芈(mǐ)胜丧其身;
山阳归下国,成名犹不勤。

刘裕封豫章郡公。这里开头是说刘裕和朝廷对抗,高门即皋门,王的郭门,指朝廷。重华是虞舜的号,舜的坟在零陵九嶷山,恭帝被废为零陵王,所以借重华来指恭帝,说恭帝只有一座坟墓,早被刘裕杀了。渊明因而流泪叹息,整夜不睡,侧着耳朵听鸡叫。刘裕要篡位,假造符瑞,于是国内就有人献上九个穗的嘉禾,麟凤龟龙四样灵物都出现了。刘裕又诛杀晋朝的宗室,正像春秋时楚国的沈诸梁统率军队,把太子的儿子芈胜逼死了。恭帝禅位以后,还要把他杀死,那他就连汉献帝都不如了。曹丕篡位,封汉献帝为山阳公，他还是好好死的。"成名犹不勤"是指不得好死的皇帝说的，这正表现对刘裕杀死恭帝的愤慨。这诗题目叫《述酒》，因为刘裕把毒酒交给张祎要他去毒死恭帝，张祎把毒酒喝了，所以用这个题目来暗示刘裕杀害恭帝。

渊明还在《读山海经》里，借用神话来表达他的愤怒和感慨：

> 巨猾肆威暴，钦䲹（pí）违帝旨；
> 窫窳（yà yǔ）强能变，祖江遂独死。
> 明明上天鉴，为恶不可履；
> 长枯固已剧，鵔（jùn）鹗岂足恃！

大贼放纵地做出暴行，像鼓和钦䲹都是大贼，他们违反上帝的意旨，把祖江杀了。上帝惩罚他们，也把他们杀了，钦䲹化为大鹗，鼓化为鵔鸟。贰负之臣杀了窫窳，窫窳被杀后还能变化。上帝惩罚贰负之臣，把他的右脚锁在山上。这是说上帝对于作恶的人处罚是很严厉的，一个被锁住右脚肢体枯萎失灵，两个化为鸟类，可见作恶是不行的。这里用大贼的暴行指刘裕杀害恭帝，诅咒做出这种暴行的应当受到严厉的惩罚。

事实上，刘裕这种争权夺利残杀无辜的罪行影响到他自己的子孙，造成他的子孙互相屠杀的恶果。

> 岩岩显朝市，帝者慎用才。
> 何以废共鲧，重华为之来。
> 仲父献诚言，姜公乃见猜；
> 临没告饥渴，当复何及哉！

在高高的朝廷上，皇帝要谨慎地选用人才。凭谁来废掉共工和鲧那样不贤的人呢？靠舜这样的人。齐桓公的仲父管仲临死时贡献忠诚的话，叫桓公不要信用易牙、竖刁、开方三个坏人，桓公不相信，结果被他们关闭在宫内饿死，临死时找不到一点吃的喝的，到那时才追悔又哪里来得及呢？这是追叹晋朝灭亡的原因在于不能选用贤才，以致大权旁落，追悔莫及。

渊明还有两首咏古代史事的诗，也是用来寄托易代之感的。

> 弹冠乘通津，但惧时我遗；
> 服勤尽岁月，常恐功愈微。

> 忠情谬获露,遂为君所私。
> 出则陪文舆,入必侍丹帷;
> 箴规响已从,计议初无亏。
> 一朝长逝后,愿言同此归。
> 厚恩固难忘,君命安可违;
> 临穴罔惟疑,投义志攸希。
> 荆棘笼高坟,黄鸟声正悲;
> 良人不可赎,泫然沾我衣。(《咏三良》)

"三良"是春秋时代秦国的三个好人奄息、仲行、针虎。周襄王三十一年(公元前621年),秦穆公死了,用这三个人殉葬,活活地把他们埋在坟里。秦国人哀悼他们,作了一首《黄鸟》诗。渊明这首诗就是讲这个悲惨的故事。他说:"大家弹冠相庆,登上显要地位,只怕自己被抛弃;经过多时的忠勤服役,只怕功劳微小。一朝自己的忠心显露,遂即成为国君的心腹。出外陪国君坐车,入宫侍候在旁边,规劝的话都听从,建议全都接受。国君说:一朝我死了,愿意和你们在一块。到国君死了下葬时没有什么迟疑,跟国君一起死正是自己的愿望。可是想到从死良人的损失无可补偿,不觉掉下泪来。"

渊明这首诗,借"三良"来哀悼张祎。张祎因为受晋朝的恩惠,忠于恭帝,不肯用毒酒来毒死他,就喝了毒酒自杀。渊明在哀悼张祎的同时,慨叹在这个乱世里效忠国君也是没有好结果的。因为效忠国君成了他的心腹,等他遭难时也得和他同死或替他承受灾难,但又于事无补,造成悲剧,所以感叹。

燕丹善养士,志在报强嬴。
招集百夫良,岁暮得荆卿。
君子死知己,提剑出燕京;
素骥鸣广陌,慷慨送我行。
雄发指危冠,猛气充长缨。
饮饯易水上,四座列群英;
渐离击悲筑,宋意唱高声。
萧萧哀风逝,淡淡寒波生,
商音更流涕,羽奏壮士惊。
心知去不归,且有后世名。
登车何时顾,飞盖入秦庭。
凌厉越万里,逶迤过千城。
图穷事自至,豪主正怔营。

惜哉剑术疏，奇功遂不成。

其人虽已殁，千载有余情。(《咏荆轲》)

这是讲荆轲刺秦王的事。燕太子丹留在秦国的时候，受到秦王的欺侮。回国以后想要报复。荆轲是人中豪杰，大家尊称他为荆卿。荆卿受到太子丹的隆重款待，决定到秦国去替他报仇。太子和宾客送他去，白鸟在大路上叫。他激动得头发直竖，从高高的帽子和长长的系帽带子的震动上都充满着他的激动。在易水上送别时，高渐离击筑，宋意和着唱。唱商调很悲凉，变成羽调就更显得慷慨激昂。荆卿登上车子，头也不回，车盖像飞一样前进。气昂昂地走过万里路，曲折地经过很多城市，到了秦国，把燕国的督亢（在今河北涿州市一带）地图献给秦王。秦王翻看地图，翻到末了看见那里有一把匕首（短刀）。荆卿左手抓住秦王的袖子，右手拿起匕首来刺他。秦王吃惊跳起，挣脱了，绕着柱子跑。荆卿用匕首掷去，没有掷中，荆卿就被杀死。渊明在这首诗里写出了荆轲感激知己，为太子丹报仇的侠义心肠，写出了激昂慷慨的气概，这里正是他自己的侠义心肠和悲壮情怀的表现。看到安帝、恭帝被杀,具有侠义心肠的渊明是会感到愤愤不平的。这种不平就借荆轲的故事倾吐出来。

渊明在赞美陶侃时说:"功遂辞归,临宠不忒,孰谓斯心,而近可得!"他是赞美功成身退的。这也说明他对把大功用作篡位的本钱,像桓温、刘裕那样的人,是反对的。他的《读史述九章》中,有两首接触到易代之感:

> 二子让国,相将海隅;
> 天人革命,绝景穷居。
> 采薇高歌,慨想黄虞;
> 贞风凌俗,爰感懦夫。(《夷齐》)

> 去乡之感,犹有迟迟;
> 矧伊代谢,触物皆非。
> 哀哀箕子,云胡能夷!
> 狡童之歌,凄矣其悲。(《箕子》)

《夷齐》是讲伯夷、叔齐的。伯夷、叔齐是商朝时候孤竹君的儿子。父亲死时遗命立叔齐,叔齐因伯夷是长兄不肯受,伯夷以为父命不可违背,遂一齐逃到海边去。周武王伐纣，伯夷、叔齐去阻止他。"天人革命"指周武王的伐纣是顺天应人。周武王有了天下，他们隐居在首阳山，靠"采薇"为食度日，最终饿死。渊明称赞他们这种贤贞高洁的品德可以使懦夫坚强起来。箕子是纣王的臣子。商朝灭亡后，箕子离开故都，看到事物都改变了，心里怎能平静？他见商朝的宫殿都毁坏了，禾黍丛生，就作一首《麦秀歌》："彼狡童兮，不与我好兮。"指纣王不信任他，因而亡国。渊明这里说的"天人革命"和"代谢"，都是指易代说的。他赞美的是夷、齐的高隐，箕子的感慨悲歌。在这里也透露出他对晋宋易代的看法。夷、齐和箕子对于旧朝是有感情的，夷、齐更是耻食周粟，这也透露出渊明对晋朝是有感情的，对新朝是不满的。这种不满，突出地表现在对残杀安帝、恭帝和司马氏的宗室上。桓玄代晋的时候，知道安帝是个无用的人，并没有杀他。在这方面，刘裕显得比桓玄残忍。这样残杀无辜，一切善良有正义感的人士都是反对的。在魏晋易代的时候，司马懿父子也残忍地肆行杀戮，当时的名士嵇康不肯出来做官，阮籍整天喝酒，用这种消极手段来反抗司马氏的政权，嵇康且因而被杀。渊明自称"性刚才拙，与物多忤"，是抱有侠义心肠，对一切不合理的事都看不惯的，因而对于这种残忍杀戮激起深深的愤慨，从而加强了他对晋朝的同情。这里主要的是侠义心肠，是对被杀害者的同情，是人道主义精神，并不是什么忠于一姓的封建道德。

可是古代有不少论者，都把渊明粉饰成为忠于一姓的封建道德的卫护者，这点得在这里说明一下。《宋书·隐逸传》里说："自以曾祖晋世宰辅，耻复屈身异代。自高祖王业渐隆，不复肯仕。所著文章，皆题其年月：义熙以前，则书晋氏年号；自永初以来，唯云甲子而已。"这是说，渊明因为曾祖陶侃在晋朝做过大官，所以认为在晋朝亡后，再做官是耻辱。自从刘裕代晋的趋势逐渐成熟，不肯出仕。在义熙以前作的文章上都写明晋朝的年号；到了宋朝作的文章上只写甲子，不再写年号。《文选》陶渊明《辛丑岁七月赴假还江陵夜行涂口》，五臣注说："渊明诗，晋所作者皆题年号；入宋所作，但题甲子而已。意者耻事二姓，故以异之。"《复斋漫录》引秦观说："宋初受命，陶公自以曾祖侃晋世宰辅，耻复屈身，投劾而归，耕于浔阳。其所著书，自义熙以前题晋年号，永初以后但题甲子而已。"这里又说到他因为刘裕执掌政权，所以辞官归隐。

上引秦观的说法，认为渊明的辞官归耕是为了刘裕执掌政权，是不对的。渊明在晋义熙元年（公元405年）归耕，刘裕在永初元年（公元420年）代晋，从归耕到晋亡相去16年，他怎能在16年前就预料到刘裕要代晋而坚决辞官呢？再说他为什么要辞官，在他的《归去来兮辞并序》以及《归园田居》等诗里讲得很清楚，从这些作品来看，当时他完全没有想到刘裕要代晋的事。这个说法的不确切是很明显的。

此外说他的作品在义熙以前题年号，永初以后但记甲子。这里所谓义熙以前一定包括义熙十四年在内，好比说永初以后一定包括永初三年在内一样。换言之，在晋朝作的题年号，义熙是晋安帝年号；在宋朝作的不题年号，永初是宋武帝刘裕的年号。让我们翻开他的集子来看看。先看诗，他作的诗没有一首题年号的，再看文，集子只有九篇，加上《桃花源诗》的序一共十篇。这十篇文章中，只有两篇有年号：一篇是《桃花源诗》的序，开头说"晋太原中"；一篇是

《祭程氏妹文》，开头说"维晋义熙三年五月甲辰"。像《闲情赋》《晋故征西大将军长史孟府君传》《归去来兮辞》《祭从弟敬远文》四篇明确地可以断定是晋朝时候作的，都不题年号。《五柳先生传》《感士不遇赋》两篇可能是晋朝时候作的，也不题年号；《与子俨等疏》《自祭文》在宋朝时候作的，也不题年号。

把题年号和不题年号的文章对照起来看，像三篇祭文，一篇题年号的作"维晋义熙三年五月甲辰"（《祭程氏妹文》），两篇不题年号，一篇作于晋义熙七年（公元411年），作"岁在辛亥"（《祭从弟敬远文》），一篇作于宋元嘉四年（公元427年），作"岁惟丁卯"（《自祭文》）。同样是祭文，作于晋时的也有不记年号的，这可以用不同的表达法来解释。"维晋义熙三年五月甲辰"是一种表达方法，这句话字数较多，适宜于记年号；"岁在辛亥""岁惟丁卯"是一种表达方法，这句话只有四字，接下去的三句也都是四字句，在这样短的句子里不适宜记年号。因此作于宋时的《自祭文》不记年号，也可以说跟作于晋时的《祭从弟敬远文》一样，也不记年号，因为那样的表达方法本来是不适于记年号的。但他对于宋的不满既非常显著,那么写文章时也不愿意记宋的年号,这样推论也是合理的。不过他对新朝的不满,主要是由于刘裕残杀晋朝的皇帝和宗室,也由于他反对这种篡弑式改朝易代,因为那样只会助长争权夺利互相残杀的恶果,对于人心风俗带来无可补偿的危害,并不是什么耻事二姓,不是什么忠于司马氏一姓的封建卫道者。他人格高洁,看不惯仕途的恶浊,要洁身归去,在晋朝时候就这样。他的《咏三良》,正是慨叹生在这种乱世不该"为君所私",因而徒然为他牺牲而无补于事,他是主张见机归隐的,这就说明他根本没有效忠一姓的意思。他的对新朝不满,主要是一种人道主义精神的表现。

晚年在寂寞中死去

渊明晚年的心情是愤慨的,也是寂寞的。我们上面读到他的《咏荆轲》《读山海经》,正表现出他的愤慨。我们也指出他的归耕不同于逃世,不是入山益深,而是迁居到靠近城市的南村,想跟素心人朝夕与共。可是他的朋友像殷景仁、羊长史、庞主簿、庞参军、颜延之都离开他了,就是原来隐居的周续之也出来讲学了。于是好心的人来劝他还是跟朋友一起去做官,他坚决拒绝了。

清晨闻叩门,倒裳往自开。
问子为谁欤,田父有好怀。
壶浆远见候,疑我与时乖:
"褴褛茅檐下,未足为高栖;
一世皆尚同,愿君汩其泥。"
"深感父老言,禀气寡所谐。

纤辔诚可学，违己讵非迷！
且共欢此饮，吾驾不可回。"（《饮酒》）

农民拿着酒来劝他：穿得破破烂烂在茅草屋下过着穷困的生活，算不得什么高尚的隐居。大家都去做官，那你为什么不跟他们一块儿混混呢？他说自己生性这样，跟大家合不来。要把马的辔头拉回来再走做官的路当然也会，只是那样违反自己的意愿，岂不又陷入迷途？当时没有跟他志同道合的人，这使他深深地感到寂寞。

朝霞开宿雾，众鸟相与飞，
迟迟出林翮，未夕复来归。
量力守故辙，岂不寒与饥？
知音苟不存，已矣何所悲。（《咏贫士》）

朋友都像众鸟出林那样飞走了，只有自己迟迟出林，很早回来，过着饥寒交迫的生活。知己假如没有了，那就算了，还悲哀些什么呢？这样说，正见得他感到失去知己的悲哀。因此说："但恨邻靡二仲，室无莱妇，抱兹苦心，良独内愧。"(《与子俨等疏》)汉朝蒋诩隐居后,只跟邻人羊仲、求仲两人来往。楚国老莱子隐居耕田,楚王请他出来做官,他的妻子劝阻他,遂一同去隐居。渊明在这里不光说明没有志同道合的朋友,就是在家庭中也没有了解他的人。

> 昔在黄子廉,弹冠佐名州;
> 一朝辞吏归,清贫略难俦。
> 年饥感仁妻,泣涕向我流,
> 丈夫虽有志,固为儿女忧。(《咏贫士》)

后汉的黄子廉,曾经在地方上做官。后来辞官回去,妻子受不了贫困的煎熬对他流泪,他也不免为儿女的贫困发愁。这正说明他在家庭中没人了解他,更增加他的苦恼。

渊明归耕后,生活穷困,他的儿子都在乡下耕田,成了农民,不像个具有文化教养的士人。他因而说:"余尝感孺仲贤妻之言,败絮自拥,何惭儿子?"汉朝的王霸(字孺仲)归耕以后,一天,他的朋友的儿子来看他,容光焕发,举止谈吐显得很有教养;再看看自己的儿子,头发蓬松不知修饰,不懂礼节,觉得很惭愧。他的妻子对他说："你既立志不做官，靠耕田过活，那么儿子的蓬头不懂礼节是当然的，怎么忘了自己的志向而为儿子惭愧呢？"渊明想到这些话很有感慨，他虽说何必为儿子惭愧，但说这话正显出他为儿子惭愧的心情。看到儿子们缺乏文化教养，也不能不使他感到苦恼。

渊明过了50岁曾经害病，身体很衰弱，担心寿命不久，写了一篇类似遗嘱的《与子俨等疏》。他关心孩子，说你们年纪还小①，就要从事采柴挑水的劳动，心里很过不去。他为孩子们打算，希望他死后儿子们也在一起生活，不要分家。他拿古人兄弟同居的例子来勉励孩子。在那样穷困的生活中，兄弟合在一起还免不了饥寒，要是一分开，生活一定更困难，他也只能这样替孩子们打算。他为了保全自己高洁的品格，宁愿过穷困生活，可是连带孩子们跟着吃苦，从而缺乏文化教养，他的内心是痛苦的。

渊明晚年生活很穷困，江州刺史王宏经常送米送酒给他。有一年九月九日重阳节，他园里的菊花开得正好，他对着菊花想喝酒，可是家里酒没了。这时刚好王宏送酒来。到宋废帝初年（约公元423年），约在诗人59岁，颜延之被朝廷上的大臣排挤出来,到临安郡(郡治在今广西桂林县)去做太守,路过浔阳,每天到渊明那儿去和他喝酒。王宏邀延之去,却邀不到。延之临走时,留下二万钱②给渊明。渊明把钱全都送给了酒家。到两年后的宋文帝元嘉三年(公元426年),渊明62岁那年,檀道济做江州刺史,慕他的名望去拜访他。那时他饿得又瘦又病,卧倒了不起来。道济对他说:"贤人出处,天下无道就隐居,有道就出来。现在您生在文明的时代,为什么自己要这样吃苦呢?"渊明答道:"我怎么敢比贤人,我的志趣够不上呀!"道济送给他粮食和肉,他挥手叫道济拿走,不肯受。在王宏做江州刺史时,渊明还有兴致接受王宏的邀请,还肯跟他做朋友;到这时,由于衰弱多病,心情恶劣,他不再愿意和这位新任江州刺史的贵人打交道了,他也不再有什么怕得罪贵人的顾虑了。

宋元嘉四年(公元427年),渊明63岁。在寂寞中去世了。临死前,他从容地写了《挽歌诗三首》和《自祭文》。在《挽歌诗三首》里,他表现了"有生必有死,早终非命促"的达观见解。"千秋万岁后,谁知荣与辱",他也并不计较什么身后的荣辱。他想象死后的情景:"娇儿索父啼，良友抚我哭"；出殡时，"荒草何茫茫，白杨亦萧萧"，"马为仰天鸣，风为自萧条"，气氛是可悲的。埋进坟里，"千年不复朝，贤达无奈何！"不论什么贤达这也就完了。"向来相送人，各自还其家；亲戚或余悲，他人亦已歌。死去何所道，托体同山阿。"送客回去了，有些还余留下一些悲意，有些已在唱歌，人情就是这样。死了，身子同山陵那样不再有什么知觉，还说什么呢？在这质朴的想象中间，表达了对生死的达观，也真实地写出了世俗的人情。

渊明死前害疟疾，他自己知道不行了，不再吃药，也不求神祷告。他留下遗嘱：生时不愿过优厚的生活，死后更不要多所破费，不用讣告亲友，不要接受礼物，不要太哀痛，殓时从简。葬时只要在泥里掘个穴把棺材放下去埋掉算了。他死后，他的朋友颜延之等认为他"宽乐令终（寿终）""好廉克己"，私谥他为"靖节徵士"。颜延之还作了一篇《陶徵士诔》来哀悼他。

渊明在寂寞中去世了。

注释：

①渊明约29岁生长子，他幼子和长子相差

7岁。写这篇文章时,渊明大概51岁,那时长子约23岁,幼子约16岁,对幼子说,所以说年纪还小。王瑶先生因为文中有"济北氾稚春,晋时操行人也",认为称"晋时",这篇是宋时作的,因此假定为永初三年(公元422年)作。那时渊明58岁,长子约30岁,幼子约23岁,怕不能说"汝辈稚幼"了。其实渊明在晋时所作文章,也加"晋"字,如《晋故征西大将军长史孟府君传》,《祭程氏妹文》说"维晋义熙三年五月甲辰",不必认为有了"晋"字一定是宋时作的。

②当时的二万钱,以米价计算,据吕思勉先生《两晋南北朝史》十九章说,南朝米价,大率一斛百钱。二万钱可购米二百斛。又谓《宋书·刘勔传》说"二万人岁食米四十八万斛",即一人一年吃米二十四斛。按现在平均一人一月吃米二斗(三十斤),一年二石四斗,那么一斛相当于一斗。二万钱之价相当于现在的二十石米。以二十石米的钱买酒,恐只能供渊明一两年内喝用。颜延之约于渊明59岁(宋废帝景平元年,公元423年)出守始安郡,所以渊明到61岁时,又经常挨饿,更谈不上喝酒了。

出版说明

"新编历史小丛书"承自20世纪60年代吴晗策划的"中国历史小丛书",其中不少名家名作已经是垂之经典的作品,一些措辞亦有写作伊初的时代特征。为了保持其原有版本风貌,再版过程中不做现代汉语的规范化统一。读者阅读时亦可从中体会到语言变化的规律。

"新编历史小丛书"编委会

图书在版编目（CIP）数据

陶渊明 / 周振甫著. — 北京：文津出版社，
2024.6
（新编历史小丛书）
ISBN 978-7-80554-890-6

Ⅰ. ①陶⋯ Ⅱ. ①周⋯ Ⅲ. ①陶渊明（365-427）—传记 Ⅳ. ①K825.6

中国国家版本馆 CIP 数据核字（2023）第 189931 号

责任编辑　董拯民　张　颖
责任营销　猫　娘
责任印制　燕雨萌

新编历史小丛书

陶渊明
TAO YUANMING

周振甫 著

出　　版	北京出版集团
	文津出版社
地　　址	北京北三环中路 6 号
邮　　编	100120
网　　址	www.bph.com.cn
总 发 行	北京出版集团
印　　刷	北京汇瑞嘉合文化发展有限公司
经　　销	新华书店
开　　本	880 毫米 ×1230 毫米　1/32
印　　张	3.5
字　　数	52 千字
版　　次	2024 年 6 月第 1 版
印　　次	2024 年 6 月第 1 次印刷
书　　号	ISBN 978-7-80554-890-6
定　　价	24.80 元

如有印装质量问题，由本社负责调换
质量监督电话　010-58572393